茂木健一郎
Kenichiro Mogi

頭は「本の読み方」で磨かれる

三笠書房

はじめに

本は、あなたを映す「鏡」である

——何をどう読むか、それが問題だ

これだけ情報に満ちた世の中で、どの本を、どう読むか。

これは今後、かしこく生きる上での重大な選択になってくると言えます。

本書は、その選択に際し、ぼくの**「本の選び方」「味わい方」「実践へのつなげ方」**を明らかにしたものです。

インターネットの到来で紙の本は淘汰《とうた》されるかもしれないと言われましたが、結局、本の価値は変わりませんでした。ものすごい量の情報が毎日流れてくる時代だからこそ、流されないための「アンカー（錨）」としての本が必要とされているのでしょう。

ぼくにとって、本は一つの〝生命体〟。出会い、育ち、そして一緒に生きていく友人のようなものです。一回だけつき合って終わりなのではなく、ときどき対話をして新しいものの見方を手に入れたり、悩みに対するアドバイスをもらったり、何気ないひと言に救われたりする。

人が成長すれば、本も成長するのであって、その意味で本は「自分という人間の成長を映す鏡」でもあります。

たとえば、本文でもご紹介している夏目漱石の名著『**吾輩は猫である**』（新潮文庫など）を初めて読んだのは小学校四年生のとき。当時と今とは全然違う読み方をしています。

漱石はこの作品で、「俗世間とは関係のないフリをしているけれども、本当はお金が欲しくてたまらない」とか、「知り合いが芸者と結婚したと聞いて、実はうらやましくて仕方ない」などという人間のドロドロした下品なところを、猫を通して語らせています。しかもその多くは、作者である漱石自身のことなのです。

人間という動物がお互いに勝手なことを言い合って、すれ違って、それでも一緒に生きている。その模様を、まるで動物園でも眺めるように描いている。

ぼくは、その人間の愚かさを徹底的に眺める目に癒やされています。

当然、子どものころにはこんな読み方をしていませんでしたが、大人になり、自分が成長するにつれて、『吾輩は猫である』から見えてくることも変わってきました。

今自分が読んでいる本が、「自分を映し出す〝鏡〟になる」というのは、こういった理由からです。

本を読むか、読まないか——この決定的な違い

本は脳が育つための最良の肥やしにもなります。

映画や映像、音楽などもいいのですが、本がいちばん「情報の濃縮度」が高いことは確か。

脳に一刻一刻膨大な情報が入ってくるのを、最後に「要するに、こういうことだよね」という形にまとめ上げるのが「言語」です。つまり言語は、脳の情報表現の中でもっともギュッと圧縮されたものなのです。

考えてみれば、文章は、たった一行であっても無限の単語の組み合わせから、選りすぐられて成り立っています。ましてや、このように二〇〇ページ以上もある本に並んでいる

言葉の配列は、宇宙の歴史上、二度と表れるものではありません。すべての本は、かぎりなく広がる暗黒の「言語の宇宙」において、あるとき奇跡的に凝縮され、表れた結晶のようなものなのです。

その圧縮された言葉をしっかりと受け取れば、脳の中で、時間をかけてじわじわと味わいが広がり、一生の肥やしとして消化されていくことになるでしょう。

ぼくはこれまでに膨大な量の本を読んできました。この本ではその中から、人生の貴重な時間を費やし、手間ひまをかけてでも読むに値する、宝物のような本をご紹介します。

イギリスに「ジョン・ロブ」という有名な皮靴ブランドがあります。最低でも数十万円する靴なのですが、十年二十年とはけるので、結局安上がりになるとよくいわれます。何でも一度はくと手放せなくなるのだとか。残念ながら、ぼくは高級な靴をはかない質《たち》ですが、本も同じようなものなのです。

死ぬまで一生つき合えて、つき合えばつき合うほど好きになるし、自分の〝味〟になってくれる。しかも靴よりもはるかに安い。

「本なんて必要ない」と思っている人は、いずれ人生の深みや喜びに差がついて、絶対に

後悔することになる。

だからいい本は「ジョン・ロブをはいてでも探せ」ではありませんでしたね――「金の草鞋《わらじ》をはいてでも探せ」と強調しておきたいのです。

この本が、みなさんにとって「一生の財産本」を見つけるきっかけになれば、これほどうれしいことはありません。

茂木健一郎

CONTENTS

2

こんな「教養のある人」こそが強い

仕事、人間関係、幸福……あらゆることは、読書に左右される

3 「自分を成長させてくれる本」の見つけ方

4 知識を吸収し、人生に活かす技法《スキル》

膨大なデータを血肉にする「7つの絶対ポイント」

5 「一生使える財産」としての厳選10冊

「知の宝庫」から、本当に必要なものを盗め！

編集協力：恩蔵絢子

[1]

これが
“自分の頭で考える力”を
つける第一歩

本を読む人、読まない人、そこに圧倒的な差が生まれる

頭がいい人は、どう本を読み、どう活かしているのか？

みなさんは、どんなきっかけで本書を手に取ってくださったのでしょうか。

普段からたくさん本を読んでいるという人も、年に数冊読めばいい……という人もいらっしゃるかもしれません。

しかし、本をそれほど読まないという人であっても、「本当はもっと読みたいのですが……」という人がほとんどです。どうやら多くの人が「読書」の重要性を認めていながら、なかなか習慣にできず、しかもポイントを押さえた読書の仕方を知らないために、自分の中に蓄積できずにいるようなのです。

ぼくのもとには、脳科学が専門だということもあって、さまざまな疑問が寄せられます。

「知識を効果的に吸収するコツを教えてください」

1

「いわゆる〝知的〟な人は、どんな本を読んでいるのでしょうか」

「本を読むと、どんないいことがありますか？」

「忙しくて本を読む時間がなくて……」

「もっと読むスピードを上げたいのですが」

「難しい文章は、すぐに眠たくなってしまって……」

「子どもには、どんな本を読ませるのがいいですか」……


この本では、こういった質問すべてに答えるべく、ぼくの体験を交えながら**「人生をよりよく生き抜くスキル」が身につく読書法**をご紹介していきます。

ぼくが読んできた本の中には、人生を百八十度変えた「最重要書」もあれば、仕事や研究の必要性から読まなければならない「義務の本」や、「とくに興味があるわけでもない本」もありました。

自分が興味のない本を読むのは、大変なことかもしれない。けれども、**どんな本でも読むのが楽しくなるコツというものが確かにある**のです。

本は、ただ漫然と読めばいいわけではない。

何の工夫もしないで読んでいると、書いてあることが、ザルから漏れる水のように流れ出ていってしまう。それに何より、そんな本の読み方はつまらない。

読書には、ある種の「技法」が必要であることにぼく自身が気づかされたのです。

その技法を手に入れれば、あなたは人生のどんな諸問題にも対処していくことができるでしょう。なぜなら、**「知性の地層」**が自分の中に形成され、**何が起こっても応用が利く「頭のよさ」**を手に入れることができるからです。

「知的な人」とは、この「知性の地層」が分厚く、柔軟な人だということですが、それについてはこれからより詳しく説明していきましょう。

1

メリット 1

読んだ本の数だけ、高いところから世界が見える

本を読むとどんないいことがあるのか。

それは、**読んだ本の数だけ、高いところから世界が見える**、ということに尽きます。

読んだ本の数だけ、足の下に本が積み重なっていくイメージです。一冊一冊積み重なっていくからこそ、より広い世界、より深い世界が見えるようになる。十冊分の高さから、百冊読んだ人は、百冊分の高さから、世界が見えるのです（もちろん本は大切なものですから、本当に本の上に立ってはいけませんよ！　これはあくまでも「たとえ」です）。

その足場は、読むジャンルが多ければ多いほど、より安定します。

推理小説だけを千冊読んでいる人と、自然科学書から哲学書、小説、マンガまで、さまざまなジャンルをまんべんなく読んでいる人とでは、足場の広さが違ってきます。

左ページの図をご覧ください。足場の「幅（横軸）」は、その人がどれくらい多くのジャンルに手を出すか、ということでつくられていく。

ジャンルにこだわらず、どんな種類の本でも読んでいる人はブロックがいくつも並んでいて、それだけ動き回れる余裕があるということです。

足場の「高さ（縦軸）」は、そのジャンルにおける積み重ねで、どのくらいの量を読んだかで決まります。当然、高さがあればあるほど、遠くまで見渡すことができます。

足場が広ければ、世界をより広く自由に動き回って見ることができ、足場が高ければ、より遠くまでものを見ることができる――そうやって積み重ねるのが本だということです。

脳の側頭連合野にデータを蓄積する

「本を読むと足場ができる」。

この現象を脳科学の言葉で表現するなら、**脳の側頭連合野にデータが蓄積されていく**、ということになります。側頭連合野とは、記憶や聴覚、視覚をつかさどっている部分で、

頭をよくするには「高さ」と「幅」が必要

その人の「経験」をストックする機能を持ちます。

つまり、**「本を読む」ということは、「自分の経験を増やす」こと**なのです。

たとえば小説だったら、主人公の人生を追体験することができる。小説を読んでいると、自分の人生には起こらないような事件に遭遇したり、風景を見たりして、自分の感情が実際に動くのを感じることでしょう。

小説でなくても、文章を「読む」ということは、自分とは違った人間の考え方や人生を追体験することです。書き手の思考の道筋を一緒になってたどり、自分とは違う人間の感じ方や考え方を、自分のペースで発見していくわけです。

本は、ただ情報を得る、知識を増やすという意味においても有効ですが、一冊の本の中には、一人の人間と何回も食事をともにして、仲よくなって初めてわかるような深い思考が披露されています。

読書をたくさんするということは、気軽なあいさつだけの人間関係とは違う、濃い人間関係をたくさんの人と持てるということでもあるのです。

すごくないですか？　本を読むということは、太宰治やドストエフスキーと何度も夕食をともにするようなものなのです！

だからこそ、今までの自分とは違う目線ができていく。これが読書なのです。

現代では「読む」ということを軽視し、「答えを確認する」ことに留めるきらいがあります。それに今はインターネットの時代で、膨大な情報がネット上に存在します。キーワードを入れて検索すればすぐに答えが出てくるから、わざわざ本を読み込んで頭の中に蓄えておく必要がないような気がしてしまう。

ネット上の膨大な知識は、まるでいつでも手軽にアクセスできる「外部に設置した自分の脳みそ」であるかのようです。

読んで〝巨人の肩〟に乗る

確かにアクセス可能で便利ではあるけれど、インターネットのような自分の外にある「外部の知識」と、自分の中に実際に蓄えられた「内部の知識」は違います。

本を読むことは、情報をそのまま脳にコピーすることではないのです。自分の感情を動かすことですし、体験することです。そして、自分以外の誰かの気持ちを獲得することでもある。

それに、頭の中に蓄積された知識というのは、実は発酵して育つものだ、ということを知っておくことは重要なことです。一度内部に蓄えられた知識は、その人の行動を決める「センス」に変わるもの。

読書は、情報を取り入れて「ハイ、終わり」にはなりません。取り入れた知識は、自分の過去と未来の経験と結びついて新しい意味が見出され、知らぬうちに発展していきます。こういう**発酵のプロセスを経て初めて、「知性・見識」として定着する**のです。

万有引力の法則を発見したアイザック・ニュートンがこんなことを言っています。

「自分が遠くまで眺めることができたのだとしたら、それは巨人の肩に乗っていたからだ」

それは「進撃の巨人」が小さく見えるような、地球より大きいくらいの「巨人」です。どんな偉大な発見でも「自分ひとりの力」だけでは成し得ません。先人の積み重ねた発見が消化された上で、ニュートンの独創的な発見はあったのです。

ニュートンが、その先人の知識をどう知ったかというと、当時の本を読んで知った。

ニュートンは、巨人の肩――つまり、それまで読んだ本――の上に乗って、まったく新しい「万有引力の法則」を見出したのです。

アメリカの有名な作家のジョナサン・レセムという人もこんなことを言っています。

「何かを〝オリジナル〟と呼ぶ人は、十中八九、元ネタを知らないだけ」

つまり、「オリジナル」と呼ばれるものを生み出す人でも、元ネタに支えられており、自分の中でちゃんと蓄え、消化したからこそ今の成果がある。

本を書いた人の経験を「読む」ことを通して、自分のものにする。そして自分の中で育てていけば、いつか必要なときに、驚くべき形となって表れてくるのです。

「学び」とは「読むこと」だ

ぼくは自分の研究室の学生たちに、「勉強というのは、読むことだよ」とよく言っています。

ぼくが学生のころ、師事していた若林健之《たけゆき》先生(当時、東京大学理学部物理学科教授)

が、イギリスのケンブリッジ大学に在籍していたフランシス・クリック（DNAの二重らせん構造を発見し、ノーベル賞を受賞した科学者）は、週末ごとに両手で抱えきれないほどの論文を持ち帰っていたと教えてくれました。

勉強というのは、机にかじりついて暗記をしたり、計算をしたりすることのように世間では思われているようですが、ぼく自身、ケンブリッジ大学に留学していたときに「勉強とは読むことだ」ということを悟りました。

博士課程の大学院生や研究者など、脳科学のプロたちが集まって、研究室で何をやっているか。それはズバリ「読む」ことなのです。

ぼくの研究室の週一回のゼミでは、世界中で発表されている膨大な論文の中から、ゼミ生たちが選んだものを読んで報告し合っています。

「この論文ではこんな実験をして、こんな結果を導いています」と発表して議論するのですが、新しい実験についてみんなで情報を共有する、ということだけが目的なわけではありません。

発表の担当者が、なぜその論文を選び、どこをおもしろいと思ったのか。

その論文を書いた研究者は、本当はどんなところに興味があって、どうしてそんな実験を考案したのだろうか。

たとえゼミの発表者の興味とは違っても、論文の著者たちは、おもしろいと思って実験をしているわけで、彼らの気持ちを理解した上で、問題点を挙げるとすればどこか。どんなふうに工夫すれば、もっとおもしろい実験になりそうか。

そういうことを話し合っています。

こんなふうにして「読む」のは、**「自分以外の誰かの目線に立つことができるかどうか」が科学の重要な要素**だからです。

科学の特徴といわれる、「客観的にものごとを見る」能力、「自分を離れて徹底的に検証する」能力は、結局「自分以外の人の気持ちになる」能力であり、決して非人間的な、冷たい能力ではないのです。

科学にかぎらず、**知性というのは「どれだけたくさんの人の立場で考えられるか」ということ**だとぼくは思います。それは「読む」ことによって養われる力なのであり、知的活動の現場で、実際に重要視されているのが、積極的な読書なのです。

ぼくの尊敬する友人に、デービッド・チャーマーズというオーストラリアの哲学者がいますが、一緒にお茶を飲んでいるとき、彼はこんなことを言っていました。

「どんな本にでも、いいところが見つけられるものだよね。たとえつまらない本であっても。だから選ばずに読む。ぼくは本が好きなんだ」

デービッドのように、つまらない本の中にもいいところを見つけられたら、達人です。

しかしそのためには、かしこくならなくてはならない。よき人にならなくてはならない。

そのためには「本」という滋養が必要です。

どんな本の中にも、自分の知らない情報があるものですし、自分とは違う意見がある。

それに出会うことで、感動したり、違和感を覚えたり、これはどういう意味なのだろう、と考えたりする。それが「自分の枠を広げる」ということなのです。

1

メリット2

脳を鍛えたいなら、読書がいちばん

一時期、「脳トレ」という言葉が流行しましたが、この世でもっとも「脳に効く」のは「読書」なのかもしれません。

本は一ページ目を開いただけで、全然違う世界に行くことができます。

第一五二回直木賞を受賞した『**サラバ！**』（小学館）という西加奈子《にし》さんの小説は、イランの場面から始まります。ぼくはイランに行ったことがありませんが、一ページ目からその風景がありありと目に浮かびました。

また、コナン・ドイルの『**失われた世界**』（創元SF文庫）という本があります。南米のアマゾンの奥地に恐竜たちがまだ生き残っているという設定で、チャレンジャー博士たちが探検するという話です。本を開くといきなりジュラ紀に飛んでしまう。本では、そういうタイム・トリップも簡単にできてしまいます。

どんなところにいても、一瞬で全然違うところに連れていってくれるのですから、本というのは、旅をするより安上がりで、新幹線、飛行機、宇宙船、ある意味、どんな最新技術よりも優れた、世界探検の手段なわけです。

世界を簡単に探検させてくれる娯楽は、確かに他にもたくさんあります。

映画や絵画、音楽なども、本と同じように別の世界を一瞬にして、ありありと体験させてくれるものですし、インターネット上でのゲームや、フェイスブック、ツイッターなどでは、直接に見知らぬ外国の人とつながって、会話することすらできる。

今はさまざまな娯楽があって、本だけが優れているという状況ではないですが、やはり本好きからすると、**いちばん脳が鍛えられるのは、本を読んでいるとき**だと思うのです。

具体的に説明していきましょう。

なぜ、この一冊で脳が鍛えられるのか

ぼくがこれほどまでにみなさんに、読書をおすすめする理由は何なのか。

1

それは、**どんなに時代が流れても、われわれ人間は絶対に「言葉を使い続ける」**からなのです。そして、言葉は本で磨かなければ光らない。

技術が進歩して、直接対面することなしに、メール、ツイッター、フェイスブック、ラインなどを通して、コミュニケーションが簡単に取れるようになりました。それでも、人間は言葉を使い続けています。絵文字など、言葉のいらないコミュニケーション手段も発達してきましたが、人間が言葉を使うというのは、少なくともぼくたちが生きているあいだは変わらないでしょう。

言葉は、ぼくたちの根本にあるものです。言葉は、人とつながる能力であると同時に、感情や状況を把握する能力でもある。そして、言葉の能力によって、ものの感じ方、世界の見え方、世界に対する動き方、人との結びつき方というのは変わっていきます。

その言葉を鍛えるには、本以上の現場はありません。

ここに一冊の本があるとします。

一冊の本を完成させるには、実は大変なエネルギーと時間と人員がかかっています。

書き手は、もちろん人生のすべての経験を動員して書いています。そして、編集者の妥協のないチェックが入ります（この本もそうです）。文字の間違いの指摘から、読みやすさの軌道修正、文章全体の方向性にいたるまで、一冊の本を完成させるために何度もくり返し目を通して推敲《すいこう》します。

また、事実関係に間違ったところはないか、誤植がないかなど、校正・校閲を専門にする方々の労力も忘れてはなりません。

くり返しになりますが、今はインターネットが普及している世の中ですから、いちいち書店に行って本を買わなくても、ネット上にあふれている文章で事足りる――そうおっしゃる方も多いかもしれません。

しかし、**本ほどに何人もの知恵が凝縮され、練り上げられた文章はないのです。**

ぼくもツイッターで毎日つぶやいていますが、紙の書籍として出すものとは、気楽さが圧倒的に違います。だからツイッターでは「その場で（思いついたことを）書いています」とわざわざ断ったりしています。

その日に感じたことを、感じたままに書いておく。それはそれでいいのでしょう。

でも気楽な備忘録と、書籍のように文章を練って、練って、練って、編集者の手も校閲者の手も入れて、これが決定版だ！　と出すテキストとはまったく違います。

ネット上にあるものは、有料メールマガジンの文章であっても、基本的に読み流すものだという意識で成り立っていることが多いようです。一方、本のように何人もの手が入り、くり返し読まれてから世に出される文章は、やはり、読者の手に渡ったときにも、自然といつまでも手元に残ることになる。

ぼくはブログやSNSのニュース記事なども否定はしませんが、それらと百年後、二百年後まで残りうる文章、一つの作品としてずっと読み継がれる文章とは、おのずから意味合いが違ってくるのだと思います。そして、それに向き合ったときに脳から引き出される力も、まったく変わってきます。

「言葉の筋力」を磨く

たとえて言うならば、本という一つの形になった文章を読むのは、ボクシングジムに行って、気合いを入れてスパーリングをするようなもの。

それに比べて、メールや、フェイスブックやツイッターの文章を読むのは、普通にフラフラと街の中を散歩しているような状態でしかありません。

本を読むのは圧倒的に難度が高いですし、骨の折れることでしょう。鍛え上げられた文章なので、普段の生活では見かけないような表現や、知らない漢字や単語すらあるかもしれない。それに、そもそも分量が違います。

ジリジリと一冊読み通すというのは、まさに「ジムで鍛える」状態であるわけです。

みなさんも「本」という「脳のジム」に通いませんか？

ぼく自身も、自分の日本語の力を維持するために、折に触れて夏目漱石の小説などを読み返し、スパーリングすることを心がけています。とくに、**時間を経て「古典」と呼ばれるようになった本は、文章表現の中でも最高峰**だからです。

いくらネット上で同時代の文章に気軽に接することができたとしても、それだけだと「言葉の筋力」は落ちてしまいます。

囲碁であれば、ものすごく強い人に挑まないと強くならないし、楽器を弾くのでも、うまい人と合奏しないと上達しないのと一緒です。

いつまでも若々しく元気な体でいたい、と思うのと同じように、いくつになっても「言葉の力を磨き、鍛えたい」という意識を持ってみましょう。

これは何も、誰もが感心するような難しい言葉を使うことがいいことだと言っているわけではなくて、たとえば、今、自分が感じていることをなるべく正確に把握しようとする際も、言葉の精度が高くないとできません。

本の中では、「ああ、そうそう、そうなんだよ！　わたしもそういうふうに思っていた！」と自分を代弁してくれるような表現に出会うことがあります。そんなとき、今までモヤモヤと抱えていたものが解消され、晴れやかな気持ちになりますね。

自分の気持ちにぴったりの言葉が見つかると、自分のことがより深く見られるようになる。この世界のどこかに自分と同じことを考えている仲間も見つけることができ、ずいぶん心が救われるものです。

それに、**さまざまな表現を知ることは、当然、自己表現がうまくできるということにつながります**。言葉を知るということは自分を知ることとイコールで、自分をよりよく表現できるようになることだからです。

このように、練り上げられ鍛え抜かれた文章の中には、まだ自分が知らない感情や経験を教えてくれる言葉がたくさんある。本をたくさん読むことで、自分だけではなくて、人間じたいの心や行動様式もより深く見えるようになっていくはずです。

最初は大変かもしれないのですが、自分にとって歯ごたえのありそうな一冊を読み通す努力をしてみてください。筋トレと同じように、少しずつでも毎日続けていると、力がついて、徐々に読める本の幅が広がってきます。

始めるのにいちばんよいときは、「今」です。

まるで、ご飯つぶを噛むように

あなたの日本語の語彙《ごい》はどのくらいあるでしょうか。

日本語が母国語の人は、たくさんの日本語が自然に頭の中に入っていることでしょう。

でも実は人間は、自分の知っている言葉のすべてを使っているわけではありません。

知っている言葉の数よりも、使う言葉の数のほうが少ない。**一冊の本の文章でも、メール**

の文章でも、話す言葉でも、その人がよく使う言葉、表現というものがあり、だからこそ言葉には人間性が表れるのだといわれています。

一冊の本を読み通してみると、くり返し似たような単語や表現が出てくるので、最初は知らなかった言葉でも自然と身についてくるものです。著者の癖《くせ》や言葉の使い方、その概念に慣れていくことができるのです。

たとえばＩＴ技術の難しい専門用語でも、何度も聞いているうちに慣れてしまう。最初は嫌だな、難しくて理解できないなと思っても、本の最後まで行き着いてみましょう。全部ではなくても、少しはわかるようになった単語があるはずです。

昔は「読書百遍」といって、くり返し一つの書物を読んだそうです。くり返し読むだけで、自然とすべてがわかるようになるという意味で、「慣れの力」が信じられていた。

そういう意味では一回で全部がわかるようにならなくてもいい。百回読むかどうかは別として、「慣れることの力」を知るのは大切なことだと思います。

一冊読んで慣れたことが一つでもあったなら、こっちのもの。理解できるのがうれしくて、もう少しその著者を知りたくなったり、違う著者に手を出してみたくなったり、もう少し難しい本に進んでいきたくなったりするでしょう。

ご飯つぶを噛んでいるとだんだん甘くなってくるように、我慢してずっと読んでいると、ほんのりとした喜びが出てくるのが読書だと思います。

その読書の喜びとは何かと言うと、「文章の持つ身体性」とでも言うべき作者の言葉の感覚を、自分で感じ取れるようになること。そして、いつか自分もこんなふうに自分らしい文章を書くことができるだろうかと思い始めるところにあると思います。

何事も〝他人事〟ではなく〝自分の課題〟として考えたときに初めて、脳は本気になって潜在能力を発揮する——ここがポイントです。

この方法で「ドーパミン」を出す

脳が鍛えられるしくみについて、お話ししておきましょう。

「脳は、大人になっても成長するのでしょうか?」

そう聞かれることがよくあります。

その答えは、「何歳になっても、脳は鍛えることができます」。

何歳になっても脳が成長するしくみは同じで、脳は「快楽」を基準に成長します。

「これをやってよかった！」ということがあると、脳は、それをまたやりたいと思うようになるのです。この単純さを活かしましょう。

ビールを飲んだらおいしかった。すると「ビールをまた飲みたい！」と思う。この人に会えたらうれしかった。すると「この人にまた会いたい！」と思います。

人が何か行動をくり返すことができるようになるのは、この喜びが基本なのです。

専門的に言えば、うれしいことがあると、脳の中に「ドーパミン」という物質が放出されます。あることをやってドーパミンが出ると、その行動を取る回路が鍛えられる。何かにハマる、依存する。それをつかさどるのがドーパミンなのです。

ちなみに、覚醒剤はドーパミンにとてもよく似た物質でできていて、摂取するだけでドーパミンに似た物質が頭の中をかけ巡るので、快楽を感じてまたそれを欲するようになるのです。

驚くべきは、**人が「学習する」のは、基本的には悪名高き「中毒（依存症）」としくみ**

が同じだということ。しかし、何をやってドーパミンを出すか、どの回路を鍛えるか、ということだけが、その違いをつくっています。

覚醒剤のように、外からドーパミン的物質を与えてしまうのは、もっとも安易で危険な方法と言えるでしょう。それでは脳内に「ショート」する回路ができるだけで、何の進歩もありません。むしろ脳が破壊される。それには頼らず、みずからの内部でドーパミンを出すのにいちばんいいことは何か。

自分には無理だと思っていたことができたとき、起こらないと思っていたことが起きたときに、もっともドーパミンが出るといわれています。

誕生日に自分が欲しいものをパートナーに伝えて、それをただ買ってもらうのと、誕生日すら忘れていると思っていたパートナーが、突然に思ってもみないプレゼントをくれたとき、どちらがうれしいでしょうか。それに、水泳のクラスを思い出してください。絶対できないと思っていた二五メートルが泳げるようになった日のこと。

苦労して、それが報われたとき、人間の脳はいちばんドーパミンを出すのです。

実はどの人の脳も、苦労が喜びに変わるメカニズムを持っています。

むしろ、あることが苦手だった人のほうが、それができるようになったときの喜びが強いことは想像に難くありません。

つまり、読書が苦手な人、チャンスです。本を読むのに努力を要する人ほど、本の効果が上がるわけですから！

本をほとんど読んだことのない人ならば、一冊読み切るということに挑戦して、最後まで読み通すことをおすすめします。読み切れないと思っていたのにできると、たくさんドーパミンが出て読書が少し好きになるでしょう。

自分はもしかしたらできるのではないかな、もう一冊読んでみようかな、という気がしてきたら、それを止めないでください。

自分にとって**読み切れてうれしい、と感じられるような、簡単すぎず、難しすぎないくらいの本に挑戦してください**。自分なりの難易度を設定して、クリアしていけばいいのです。それをくり返していくうちに、いつのまにか読書が楽になって、もっともっと知りたいと読書に積極的になっているはずです。

少しずつ自分にとって難しいことを探していけば、脳は飽きることがありません。そのうち並の人には真似のできない、とんでもないところまでたどり着くことがあるのです。

メリット3

生きる上での「ワクチン」になる

さて、三点目の「いいこと」です。

本には、未知のこと、自分とは違う人間のことが書かれているという意味で、現在の生活や現実の社会に対して、異議申し立てをしてくれる存在でもあります。

それゆえに本は、自分たちの生活にとっての「ワクチン」となることがある。

ワクチンは、体の中に毒（病原体）を少しだけ取り込むことで、病原体と戦うための「抗体」を体につくらせるものです。

本の内容によっては、そこに書かれていることがそのまま実現してしまったら、社会が不安定になって困ってしまうことがある。

でも、そういう**社会を崩壊させかねない「悪いもの」や「闇」を知り、向き合うことで、不思議と心がより健康になったり、強くなったりする**ことがあるのです。

要は、「免疫力をつける」ことにつながる。

たとえば、ドロドロの不倫小説を読んで影響されて、夫のある人が実際に家庭を捨て、恋愛に走ってしまうと困ったことになるかもしれません。

でも、実際は読んだ人全員が道ならぬ恋に走るというわけではなく、ただそういう世界があることを知ることによって、自分にも起こり得る「苦しい現実」を想像して、抑止力になるかもしれない。

それに苦しい恋愛を知り、「今、自分が持っている幸せ」に改めて気づくこともできるかもしれない。

知っているのと知らないのとでは、いざ自分の身に思いもよらないことが降りかかってきたときの対処の仕方に大きな差が出ます。知らないままでいようと潔癖を保つより、知ってしまったほうがいいことがあるのです。

これが、本を読むことが「ワクチンとして働く」という意味です。

今の世の中のあり方に対して、そのあり方とは違った方向性を示すことで、人びとが今の生活をよりよく生きられるようになるのです。

イギリスの作家であるジョージ・オーウェルの『**一九八四年**』（ハヤカワ文庫）という小説があります。

これは住民の全言動が監視されている、架空の社会のお話です。「テレスクリーン」というテレビと監視カメラが一体になったようなシステムがあちらこちらに配置されていて、つねにその前にいる人びとの映像や音声が、独裁者「ビッグ・ブラザー」のもとに集められている。

住民同士も互いに監視し合っていて、少しでも独裁者の意にそぐわないような言動を取った人は、密告、逮捕されて消されてしまう。ビッグ・ブラザーの求めに応じて、過去の出来事も書き換えられてしまうし、自分でいっさい物事を考えてはいけない、何が本当かまったくわからなくなるような、恐ろしい社会を描いた名作です。

この『一九八四年』は、二〇一三年に現実のアメリカで、エドワード・スノーデン氏が内部告発をして、国家安全保障局の盗聴問題が明らかになったときも、よく引用され、議論されました。

スノーデン氏はアメリカ政府が、毎月何十億ものインターネット回線、電話回線の傍受を行なって、個人情報を収集している事実を白日のもとにさらし、「社会の秩序を守る」という名目で全世界の人びとが監視され、自由を侵害されていることを告発したのでした。

みなさんも、想像してみてください。

自分が書いたメールや、SNSの書き込みがすべて見られていて、うかつなことを言えない社会に対しては、不自由で不気味な感覚を覚える人も多いのではないでしょうか。

『一九八四年』に描かれている怖い社会はあくまでも架空のものなのですが、あまりにも強烈なリアリティがあった。

独裁者「ビッグ・ブラザー」というメタファーは、アメリカの人びとの心の中に深く根づき、いまだに多くの人が「自分たちの国を『一九八四年』のような監視社会にしてはいけない」と思っている。そして、恐ろしい可能世界を描いたフィクションがあるからこそ現実をよくすることができる。

ジョージ・オーウェルの小説は実際に、ワクチンとしての働きをしてくれているのです。

メリット4

本を読むのは、シンプルに「かっこいい」

身もふたもない話のようでごめんなさい。でも、実際、本を読むのはかっこいい。

それなのに今は、身のまわりで本のことを話題にすることが少なくなっているようです。

身近なところからなかなか本の情報が得られなくなっているせいか、ネット上の本の要約サイトなどが流行っていると聞きます。


昔は、友だち同士で本を話題にしていました。

「どんな本だった?」「○○なところが、おもしろかった」などなど……。

しかし今は、本よりも、ネット上の小ネタのほうが話題になるようです。

それに女性に対しては、本ばかり読んで、あんまり頭でっかちになりすぎると魅力がなくなる、モテなくなる……というささか前時代的な説もあるようです。

その点については、ぼくははっきりと言いたい。

「知的な女性が好き」という男性は、実はたくさん存在します。

何を隠そう、ぼくもその一人です。


ジョージ・ロイ・ヒル監督の『リトル・ロマンス』という切ない映画があります。

小さな男の子と女の子とが「ベネチアにある〝ためいきの橋〟の下でキスをすると、永遠に結ばれる」という話を聞いて、家出をしてベネチアに行く、というお話です。実はそのキスの伝説は、詐欺師のおじいさんのつくり話なのですが……。

女の子はアメリカの大金持ちの家の娘で、本が好き。しかし、なかなか自分の好きな本の会話ができるような友だちに出会うことができないでいます。男の子のほうは裕福な家の子ではないけれど、非常に頭のいい子です。

二人とも出会った瞬間に、初めて本当にわかり合える人を見つけたような気持ちになって、一緒にベネチアに走ってしまうのです。

あるシーンで、その女の子が、まだ十二、三歳という設定なのに、ベッドサイドで、ハイデガーの難解な哲学書**『存在と時間』**（岩波文庫など）を読んでいました。しかも、それは『**Sein und Zeit**』（Max Niemeyer）、つまりドイツ語の原書でした（女の子はアメリカ人という設定です）。

それを見た瞬間にぼくは、そんな聡明な女の子を大好きになってしまったのです。

本を読んだり、それを話題にすることは、本当はかっこいいことなのではないでしょうか。そう思っている男性や女性は、実は世の中にたくさんいます。

男性も女性も、もっと本について語り合う文化があっていい。

本当のところ、**これからは、一人ひとりが好きなことをして、誰とも違う味を堂々と出せることこそがかっこいい時代になる**と思います。

ファッションアイテムとして考える

先ほどの映画ではありませんが、男性でも女性でも、バッグを開けたときに、『存在と時間』がチラッと見えたら素敵だなと思います。

そして、その逆パターンもあって、ぼくの友人に塩谷賢《しおたにけん》という、小難しい「時間の哲学」をしている哲学者がいるのですが、彼のカバンの中からはよくマンガが出てきます。

しかもそれが、**『本当にあった愉快な話』**（竹書房）、**『まんがタイム』**（芳文社）などという、ちょっとほのぼのしたギャグマンガ雑誌。

そういう雑誌が、難しい哲学書と一緒に入っているのです。

普段、哲学のこととなると厳しい顔をして、理知的に相手を論破していく強さを持った人が、「えっ？　こんなほのぼのマンガを読むの？」というギャップ。

そういった意外な側面は、その人をより魅力的に見せてくれます。

このあいだも飛行機で、イタリア人の若い女性が、社会科学系の著作で高い評価を受けているベストセラー作家、マルコム・グラッドウェルの本**『David and Goliath』**（邦訳**『逆転！　強敵や逆境に勝てる秘密』**〈講談社〉）を読んでいて、ぼくはドキッとしてしまいました。

偏見だと言われるかもしれませんが、「あれ、こんなソフトな印象の女性が、骨太なノンフィクションを読んでいるのか……いいね！」と素直に驚いたのです。

もちろん、この「ギャップの法則」は恋愛においても有効でしょう。

本はファッションと同じように、人にセンスのよさをアピールできるのです。

以前の大学のキャンパスでは、腕に抱えて歩く本は何がいいか？　とみんなが気にしていました。**本もファッションの一部だと認識されていて、持っている本が「あなたはどういう人間か」ということを如実に語っていた**のです。

イギリスに『イエス・ミニスター』というコメディドラマがあります。

ちょっとおバカな銀行家が出てくるのですが、その人が、仕事のできる一流のビジネスパーソンが読むことで有名な『フィナンシャル・タイムズ（FT）』紙をいつも抱えている。

『フィナンシャル・タイムズ』は、他の新聞と紙の色が違ってサーモンピンクだから、持っているとすぐにわかる。知的な新聞など読めるのかどうか疑わしいような人なので、まわりの人は驚きます。

それで「きみは『フィナンシャル・タイムズ』を読むのか」とある人が聞くと、「読まない」と返事が返ってくる。

「何で読まないんだ？」

「理解できないからだよ」

「じゃあ、どうして持っているんだ？」

「これはユニフォームの一部なんだ」

彼は「ＦＴ」紙を読むためでなく、銀行家としてのユニフォームの一部だと思い込んでいたのです。

形式にとらわれがちな銀行家を揶揄《やゆ》したスケッチにもなっていて奥が深いのですが、それはさておき、「見せるための本」という思想が存在することを、このコメディははっきり示しています。

こんな〝見栄〟なら張っていい

ぼくにもそういう「見せ本」があります。

ワーグナーのオペラを観にいくときには、**「レクラム文庫（Reclam）」**から出ている台本を持っていくのです。

レクラム文庫というのはドイツの文庫シリーズで、小さくて薄く、とてもきれいな黄色の装丁が特徴です。日本の岩波文庫はレクラム文庫をモデルにつくられたといわれています。オペラの会場に行くと、日本語の対訳本は売っているのですが、ぼくはあえてレクラム文庫を持っていくのです。

それを持っていくといいことが二つあります。

1「この人はドイツ語がわかるんだ」と、ちょっとだけかっこうをつけられる
2 レクラム文庫の可憐さに、「素敵な本を持っている」と目に留めてもらえる

もちろんこのような効果は、レクラム文庫がひと目でわかる「クラブのメンバー」にしか通じないのですが、それはそれでいいのです。

ぼくはレクラム文庫ですが、スコア（総譜）を持ってくる人もよく見かけます。

でも、ぼくたちがそれらを会場で読むかといえば、読みません。

はっきり言ってしまえば「何となくカッコいい」。オペラの夜を引き立てるファッショ

ンアイテムにすぎないのです。

カバーをかけるのは日本人だけ

難しい本を持っている人が、必ずしもそれを読んでいる、理解しているとはかぎりません。ただ見せるためなのかもしれない。

でも、持っているとかっこいいし、「それは、何ですか?」と会話が始まることがあります。知らない人との出会いにもつながる。

つまり、本はコミュニケーション・ツールでもあるのです。

読む必要はなくて、その本を持っているというだけでメッセージになる。

本当にいい本は、持っているだけで本人にも周囲にも、素敵な魔法をかけます。

電子書籍の欠点はそこかもしれません。

何を読んでいるか見えないから、見せびらかすことができません。スマートフォンで、英語のサイトなどを見ていれば、できるビジネスパーソンらしく見えることはあるけれど、やはり外から具体的な内容までは見えにくい。

紙の本だったら、表紙を見ればすぐにわかります。

先ほども述べましたが、電車の中で難しそうな本を読んでいる女性を見かけると、少し気になります。

女性でも、男性の家の本棚に並んでいる本のセンスがいいと、それだけでものすごく頭がよさそうで魅力的に見えることがあるのではないでしょうか。

もともと日本人は本が好きだといわれていました。

外国の人たちが日本の電車に乗ると、多くの人が本を読んでいるから、びっくりしたと言います。

そういう「見栄え」を取り戻してみてはどうかと思うのです。

今はブックカバーをかけている人も多いようですが、あなたのイチ押しの本を持っていくときは外しましょう。

毎日のコーディネートの最後に、本を一冊忘れないように。

さて、ここまでは、本を読むことのメリットをご紹介してきました。次章ではさらに踏み込んで、「本を読むことで蓄積されていく〝頭のよさ〟」についてお話ししていきたいと思います。

かつて、かのアインシュタインも、

「本物の知性とは〝知識〟ではなく、〝想像力〟である」

と言いました。

それはいったいどういうことなのでしょうか。

1のまとめ

- 「知性の地層」をつくるのは、インターネットではなく、本である。
- 使う言葉に〝人間性〟が表れる。言葉を磨くことを意識して。
- 脳を鍛えるには、時間をかけて古典を1冊読み切ることから。
- 本を選ぶときは、今の自分より「ワンランク上」「ジャンルの違うもの」を意識する。
- 「かっこいい本」は、ブックカバーをつけないで持ち歩く。

[2]

こんな「教養のある人」こそが強い

仕事、人間関係、幸福……
あらゆることは、読書に左右される

「優等生」ではなく、「オタク」を目指す

ぼくは子どものころからチョウが大好きでした。それもかなりのオタクぶりを自覚しています。

今でも仕事の合間に時間が空くと、チョウをたくさんあつかっている昆虫屋さんをのぞきます。ここ十年来、毎朝の日課でランニングをしていますが、走っているとチョウが飛んできて一緒に伴走してくれることがあります。チョウを探しながら走るのがいちばんの楽しみと言っても過言ではないかもしれない――それくらいチョウにはまってきました。

子どものころ、家の近くに「愚公堂」という書店がありました。中国の古典『**列子**』(岩波文庫など。道教の思想が書かれた書物)に出てくる説話「愚公山を移す」から取った名前らしいので、今思うとかなりインテリな店主だったのでしょう。その店に、お小遣いを必死にためて、一万円くらいするチョウの本を注文しにいったこともあります。

子どもですから、一万円という金額は手が震えるほどの大金でした。

そんなぼくを見て、愚公堂のオヤジさん、ニヤニヤしていました。

こんなふうにオタクというのは、他人から見ると「エッ!? それのどこがいいの?」というようなものに熱中し、大金まではたいてしまうものです。

情熱は、脳の〝最強のエンジン〟

世間で誤解されているものの代表が「オタク」です。

「オタク」な人は、正直「得体の知れない異星人」あつかいされている。オタクでない人から見れば〝奇妙〟だし、偏っているし、理解できないかもしれません。

わかりやすく何かの役に立てるわけでもないし、オタクの「意義」は何なのだ、という気すらしてきますね。

しかし、オタクの人はみんな、**自信をもって「情熱」だけはあると言える**のです。

「オタク」とは対象が何であれ、まわりが驚くくらいの時間やお金、エネルギーといったリソースを注げる人です。

情熱というのは不思議ものです。チョウがただ好きで追いかけているだけなのに、そのうちに、どんな種類のチョウがどこにいるか、どんなルートを飛ぶか、それゆえにどういうチョウが珍しいかなど、どんどんチョウの生態に詳しくなる。

それで、マニアックな本にもたどり着いてしまうし、そういうチョウの知見から、科学全般にも興味が広がってしまうものなのです。

ぼくはチョウを追いかけているうちになぜか、講談社から長年出版されている**「ブルーバックス」**という、一般向けの科学書シリーズを読むようになりました。わかりやすく書かれた本だとはいえ、「相対性理論」「素粒子物理学」「宇宙論」「生命の起源」など、小学校の算数や理科のカリキュラムとは、まったく関係のないテーマの本に手を出すようになっていました。

そのうちに、アインシュタインの伝記に出会って、その科学者としてのあり方に惚れ込んで、自分も科学者になろうと決意したのです。

2

好きなことにのめり込んでいくうちに、イモづる式にさまざまな素養が自然と身についていく――それが「オタクになる」というプロセスです。幸運なことにそのプロセスを踏んできたからこそ、ぼくは今、脳科学者になることができたと思っています。

最近の大学受験生に聞くと、意外とそういうプロセスを経験していない人たちが多いようです。つまり、学校で教わったことしか知らない。どちらかといえば、オタクになるプロセスからは遠ざかるように仕向けられてきたのではないでしょうか。

受験のための勉強だけを一生懸命やってきた人は、大学を出るまではそれなりに優秀な成績を収めますが、社会に出てから「いったい自分は何をしたいのだろう？　本当にこれでいいのだろうか?」と、自分のアイデンティティを見失ってしまうことがあるかもしれません。

遠回りに聞こえるかもしれませんが、**本当は好きなことにのめり込んでしまうことが、充実した学びを得られるいちばんの近道**なのです。

「情熱」は、「優等生」であることよりも、ずっと重要だとぼくは考えています。

物理の本に熱中して、「クオーク（物質の構成要素である素粒子の一種）には、三つの世代と、六つの種類があって……」とブツブツ言っている子どもがいたら、周囲の大人たちは「学校の勉強もしないで、試験に出ないことに熱を上げて……」といぶかるかもしれませんが、この子は、自分の好きなことにのめり込むことができたがために、実は小学生にしてすでに大学教育の域にまで達しているのです。

クオークについていくら詳しくても、短い期間で見ると、学校の成績がよくなるわけではないかもしれません。それでもこの子は、自分の生きる道をしっかりと自分でつかみ取ることができているのです。

世の中の物差しではかって頭がいい・悪い、勉強ができる・できないを判断しても、長期的には意味がないことがたくさんある。本当に大切なのは、ただ何かに熱中できるかどうかなのです。

楽しいことだと、人間はのめり込みます。楽しいことなら、学ぶことは苦痛ではなくなるのです。

まわりから何と言われようと、それを絶対に止めないでください。自分が楽しめることばかりにのめり込んでいると罪悪感を抱く人もいるようですが、むしろ堂々と続ければいいのであって、それこそが自分を輝かせるコツなのです。そして人がのめり込んでいるときにも、どうか見守ってあげてください。

「世界の広さがわかる人」は何を見ているか

チョウについては、こんなふうに自分のオタクぶりを自慢（？）しているぼくですが、歴史のオタクにはなれませんでした。いまだに歴史では、知らないことがたくさんあります。

たとえば、ぼくは最近まで「中国大返し」という歴史のある出来事を指す言葉を知りませんでした。豊臣秀吉が、織田信長が死んだことを聞いて、出陣していた中国地方から大山崎（現・京都府）にものすごい速さで戻ってきたことをそう呼ぶのだそうです。

それから、三《み》谷《たに》幸喜《こうさ》さんの監督映画『清洲会議』を見て、「清洲会議」というキーワードも初めて知りました。明智光秀の謀反《むほん》によって織田信長が亡くなってしまったときに、彼の後釜を決定した会議のことだそうです。

「へえ～、世の中にはまだまだ知らないことがたくさんあるのだなあ」と思いました。

しょせんぼくはジャンルの違うオタクだったのです。

ぼくは科学者ですから、イギリスの数学者アラン・チューリングの仕事を理解する上で必要な「計算可能性理論」や「無限集合論」（どちらも数学の理論の一種）については、こと細かに知っています。しかし、日本史の「中国大返し」や「清洲会議」については、何のことだかさっぱりわかりませんでした。

何のオタクになるのかは、その人の志向性や、出会った本によって変わっていきます。「日本史のオタク」の人は日本史を、「チョウのオタク」の人はチョウを突き詰めていけばいい。**自分の知らないことを恥じる必要はありません。**

世界はこれだけ広いのだから、知らないことがないフリをするほうがおかしいのです。

逆に言えば、オタクになるということは、世界の広さを知ることかもしれません。

もちろん、オタクになろうと思ったら勉強し続けなくてはいけませんし、大変な道のりを歩みます。読んでも読んでも果てがないほどに、世界は広がっていて、そうやって喜び勇んで進んできたのにもかかわらず、ぼくにとっての日本史のように、まだまだ手つかずの世界が残っている。

「自分が知らない世界は、まだこんなにあるのか……（呆然《ぼうぜん》）」

その絶望するような「オタク感覚」が持てたら、一生の宝物になると思います。

知らないことがあるのは当たり前なのだから、知らないことに出会ったときには、にっこりと自信をもって「それは何？　教えて！」と人に聞けばいいのです。

廣松渉《ひろまつわたる》という東京大学の科学史科学哲学の先生だった人は、よく学生に「学者というものは一日三〇〇〇ページ読むものだ」と言っていたそうです。どう考えても一日に三〇〇〇ページなんて読めません。

ただ、廣松が言いたかったのは、**ある分野のオタクになろうと思ったら、一日三〇〇〇ページ読んでいても間に合わないよ**、ということだろうとぼくは思っています。

それくらい世界には、自分の知らないことが無限に広がっているということです。

オタクになるための読書はいつ始めるのがいいのか？　それは「今」です。

地頭《じあたま》のよさは、こうしてつくられる

小さなころから好きなことに熱中して、「国語、算数、理科、社会」といった区別にとらわれずに本を読んで、世界がどこまでも広がっていることがわかったなら、その人は必ず「地頭がいい人」になれると思います。

小さいころからたくさん本を読んでいるけれども、学校の成績はあまりよくないという子もいるかもしれません。

でも、そういう子どもは、まだ目には見えない何かを間違いなく獲得しています。学校の勉強は暗記のコツさえつかんでしまえば比較的楽に成績を上げることができますが、読書がその人の人生に影響を及ぼすには、じわじわと時間がかかるのです。

才能が開花するには少し待たなくてはならないかもしれませんが、必ず将来の役に立つとぼくが保証します。

読書の効果は、「この本に出会ったことで、この道に行きたいと思った!」と、一瞬で人生を変えるような劇的なものもあるのですが、「あの本がどういうふうに自分に影響しているかわからない」という形で変化をもたらすものもあります。

「何がやりたい?」「ただひたすら本が読みたい」

目黒考二さんという、作家の椎名誠さんの盟友で、月刊誌『**本の雑誌**』(本の雑誌社)をつくった人がいます。

目黒さんは本を読むのが大好きで、世界の広さを知っている人です。

かつてストアーズ社という椎名誠さんが編集長をやっていた雑誌社に、目黒さんが就職の面接に来たときのこと。

椎名さんが「きみはこの会社で何をやりたいんだ」と聞いたら、目黒さんは「ただ、ひたすら本が読みたいです」と答えたそうです。

社員募集の面接なのに、目黒さんにははっきりと答えられる目的などありませんでした。

そんな答えでは普通は落とされてしまうかもしれませんが、何となくおもしろそうだと感じて、椎名さんは目黒さんを採用しました。

「本を読む以外のことはやりたくない」という変わり者なわけですから、何の役に立つのか誰もわからなかったのですが、椎名さんは何か直感されたのでしょう。

さすが椎名さん！

あるとき目黒さんが、「こんな本がおもしろかった」というレポートを書いてきました。それはまわりの人が、次々におれも読んでみたいと言ってくるほど、強烈におもしろいレポートだったそうです。

最初は一部ずつコピーを取って読みたい人に渡していたのですが、あまりにも求める人が増えてコピー代がかさむようになり、これだけお金がかかるのならばいっそ雑誌にしてしまえと『本の雑誌』ができたといいます。

目黒さんの中に蓄えられた読書体験は、興味深い人物像を形成し、目黒さん自身の言葉の重みとして表れるようになったのです。

それが、雑誌を創刊し、ついには出版社を立ち上げるところまでつながりました。

読書というのは、頭の基礎体力をつけてくれるものなのです。

基礎体力づくりは重要ですが、それが今後どのように現実に活かせるかわからず、途方に暮れてしまうかもしれません。椎名さんと出会ったころの目黒さんが描いていたビジョンは、今すぐ何かの役に立たせるには、少し大きすぎたのだと思います。

それでも、理解してくれる仲間に出会うなど、いろいろな状況がそろったとき、必ずその人の能力は開花するものなのです。

「知的な付加価値をつくれる人」の頭の中

ジャーナリストの佐々木俊尚《としなお》さんが「今後、インターネットを使う人は二種類に分かれていく」という予想をしています。

一方の人たちは、情報を集め、自分を高めることにインターネットを使います。今は調べようと思えば、ネット上にどこまでも情報があふれています。

たとえば、二〇一四年、ウクライナで親欧米派と親ロシア派が衝突し、ウクライナ情勢は緊迫しました。そのことについて知りたいと思ったら、ネットでウクライナのロシア系の住民の人口分布やどういう歴史的な背景があるのかを、いくらでも検索することができます。

もう一方の人たちは、閉じた小さなコミュニティで事足りている人たちです。何となくの暇つぶしとして受動的に友だちのフェイスブックを見たり、ツイッターを見たり、ゲームをしたりするだけで十分だと言います。

今の世の中、「知的な付加価値を生み出せる人」が、脚光を集めていることは事実です。

たとえば、フェイスブックやツイッターなどのSNSを使っている人は、世界中に何十億人といますが、フェイスブックやツイッターというサービスをつくっている人は、一万人にも満たないでしょう。

あれだけ大きな存在でありながら、それほど多くの人を雇用しなくてすんでしまう。

ここが従来のメーカーやサービス企業と違うところです。今までは、サービスの規模が広がれば広がるほど、それを生み出す企業で働く人が増えていきました。

しかし、今は非常に少ない人数で大きなシステムをつくり、それを世界中の人が享受するという構造です。

たとえば、フェイスブックの常勤従業員数は、二〇一四年で八三〇〇人ほどですが、世界中にユーザーが一三億人以上いる企業にしては、とてもコンパクトだと言えます。

ツイッターも二億人以上ユーザーがいますが、社員数は全世界で三〇〇〇人程度です。

逆に言えば、今は自分で付加価値を生まなくても、大きなシステムに乗っかっていれば楽をして生きていける時代なのかもしれません。だから、「何もつくらなくても気楽に生きていればいいや」という人と、自分を高めて付加価値を生み出す道を選ぶ人とが、分かれていく。

ぼくは、そのあいだを埋めるのが読書だと思っています。

自分で世界を変えるような技術を生まなかったとしても、自分で世界の動きを知る力を身につけておくことは大切なことです。

フェイスブック、ツイッターに匹敵するほどの世界的に大きな開発をするには、それを使う側のレベルの知識だけでは足りません。

エンジニアとしての技術的な知識もいるし、文明はここからどう変わっていくのかという、深い文明観や世界観も必要です。

グーグルの会長であるエリック・シュミットの『**第五の権力**』（ダイヤモンド社）を読むと、「こんなに広く世界を俯瞰《ふかん》して、深く考えているのか！」と驚かされます。

国境なく人びとをつなげてしまうインターネット技術と、「境」をつくって別個の存在になろうとする国家とは、どういう関係にあるのか。

独裁国家の国民がみな、安価な携帯電話で世界とつながれるようになったら、どんな変化が起こっていくのか。

どんな独立のグループが出現するか。

情報を提供しようとする人にはどんな技術的保護が必要か。

また逆に、民主国家で情報が全部オープンになってしまうと、どんなことが起こるのか、どういう管理が必要なのか、プライバシーとは何なのか。……

そういうことを徹底的に考えています。

そうでないとグーグルをここまで大きくできないし、世界的企業を統率できないのだとわかります。

自分は技術者ではないから関係ない、という人もいるかもしれませんが、少なくとも今は誰でも自分で情報発信することができる環境にあります。

「ネットでのリテラシー（そのシステムの背景を理解し、適切に活用する能力）」ということを考えるときに、ぼくはこの『第五の権力』をおすすめします。

インターネット上に一度アップされてしまった情報を消すということはどういうことな

のか、それがどれだけ難しいのか、ということもわかります。それを知っているだけで、自分自身が発信する情報の選択が変わってくることでしょう。

一冊の本というのは、たとえそのすべてを理解することができなかったとしても、十分に「今、世界で起こりつつあることの雰囲気」を伝えてくれます。

インターネットでゼロから、自分で検索窓にキーワードを入れて勉強するとなると途方に暮れてしまいますが、世界最高峰の知識を持った人が書いた一冊の本であれば、ある意味手軽に、まとまった知識を手に入れることができるのです。

かしこい人の一万時間の経験が、たった一時間の読書に凝縮されているのです。すごいと思いませんか⁉

2

ちょっと「危ない人」になれ

ぼくは、頭がいい人というのは「あやうい人」だと思っています。

「あやうい」とはどういう意味でしょうか。

今でこそ読書は心を豊かにするという理由で、積極的に推奨されていますが、実は昔は、小説を読むことが危険視されていたことがありました。

たとえば、良家の子女が**『アンナ・カレーニナ』**（新潮文庫など。ロシアの文豪トルストイの作品。裕福な家に嫁いだアンナ・カレーニナが、青年将校に恋をしてしまうことから始まる悲劇のストーリー）を読んで、道ならぬ恋にあこがれてしまったら困る。だから読ませてはいけない、などと言われていた。

本には時に、殺人だとか、非道徳的なこと、それに人類の文明の崩壊など、常識を飛び越えたことが書かれています。本を読むと、自分の存在がとてもちっぽけなものに見えてしまったり、今の社会のあり方などが、相対的なものにすぎないことがわかってしまったりする。

本は、現実を揺るがす危ないものでもあるわけです。

一九六〇～七〇年代に盛んだった学生運動もそうかもしれません。マルクスやレーニンの著作に感銘を受けた多くの学生たちが、教育機関に変革を起こそうと、大学を封鎖したり、闘争事件を起こしたりしました。

学生たちにとっては、〝もっと世の中をよくするため〟の革命の思想は信じるに値するものでしたが、やがて闘争は暴力がエスカレートし、社会の脅威と見なされるようになりました。

本を読むということにおいては、広い世界が見えるようになるだけに、危険エリアに侵入しかねないことを覚悟しなければなりません。

現代の親たちは、子どもが本を読むことを、単純にいいことだと思っているかもしれませんが、時代によっては、子どもに本なんか読ませるなということもあった――それくらい一冊の本との出会いというのは、人生を変えてしまう可能性があるからです。

「薬と毒は、紙一重」と言うけれど、本も、本当は毒になるのかもしれない。しかし、それに耐えて、ギリギリのバランスで生きていくのが、「知性」「頭のよさ」だと、ぼくは思うのです。

人類の歴史の中で、偉大な業績を残したような、物理学者アインシュタイン、ニュートン、また、最近の人物でいえば、スティーブ・ジョブズ（アップル元CEO）なども、「危険な知性」を備えた人物です。

そういう天才たちはよく、まわりの人たちが戸惑うような行動を取ることがあります。

ジョブズは若いころから完璧主義者で気まぐれで、人使いが荒い人でした。

製品のクオリティにこだわるあまり、周囲の社員はいつも振り回されていたそうです。その結果うとまれ、一度は自分で創業したアップルから追い出されてしまいました。

現実とはかけ離れたビジョンを持ちながら、現実との接点を探して生きていくのは大変なことだったのでしょう。

人から嫌がられる側面も強くあったけれど、一見誰もが不可能だと思うことも、ジョブズが「できる」と言うと、みんなもそのうちその気になってしまうような、不思議なパワーを持った人だったことも間違いはないのです。

「あやうい」というのは別に悪いことではないのかもしれない。

一生懸命に生きていると、人間には危なっかしい局面にぶつかることがあるのでしょう。

新しい会社をつくることは危ないことだし、社会のあり方を考えるということも危ないことかもしれない。それは、世間でいう「常識」にとらわれず、枠の一歩外に踏み出してみる勇気を持つことだからです。

「あやうさ」は、よりよく生きるとか、より可能性を求めて生きるためには、不可欠なこと。

ひょっとしたら本に影響を受けて、現在の学校制度や教育の現場についても疑問を持つようになるかもしれない。

でも、本を読んで、**「ちょっと危険な香りを知る」**。

読書は「チョイ悪《わる》」どころか、もっとロックンロールです。でも、**それが読書の本当の楽しみ**なのです。

2

日本の「常識」は、海外の「非常識」かもしれない

海外の本を読むことも、「知性」のためには、格好のトレーニングになります。

翻訳書は、舞台も外国ですし、表現がまどろっこしくて読みづらいと言って、避けている人も多いようです。しかし、ぼくは海外の翻訳書を読むこと（いずれは原書で読むことを目指しましょう！）を強くおすすめします。

もちろん、翻訳文の上手・下手というのはあるのでしょうが、「読みにくい」というのは、実は日本とは「前提条件」が違うからなのかもしれません。

翻訳書をたくさん読んでそれに慣れることで、海外ではどんなことが前提とされているのか、自分が暗黙のうちに前提にしていたことは何なのかに気づくことができるでしょう。

もしかすると**「日本の常識は、海外の非常識」**ということがわかるかもしれない。

「どういう本がいいですか？」

「どういう基準で選べばいいですか?」

と、よく質問されますが、まずは世界でベストセラーになっている本を読んでみましょう。

たとえば、仕事を持つみなさんにおすすめなのが、1章でも少し触れましたが、マルコム・グラッドウェルの『**急に売れ始めるにはワケがある(The Tipping Point)**』(ソフトバンク文庫)や『**天才! 成功する人々の法則(Outliers)**』(講談社)です。

グラッドウェルは、アメリカ随一の高級週刊誌『**ザ・ニューヨーカー**』などに寄稿する売れっ子のジャーナリストで、この二冊を始めベストセラーを数多く著しています。

『急に売れ始めるにはワケがある』は、売上げがパッとしなかった商品が、「あること」がきっかけになって急に爆発的に売れ出す――モノが売れる現象の裏にあるしくみを解説したネットワーク論です。「なぜ、A社の商品は売れなくて、同じようなB社の商品はヒットするんだろうか?」そういった疑問を感じたことのある人なら、この一冊でそのナゾが解明されてしまいます。

一方で、『天才! 成功する人々の法則』は、タイトルが表すとおり、世の中で「天才」と認められる傑出した人びとはどのようにして世に見出され、成功の道を歩むのか、また、いくら才能があっても、潰れてしまう人がいるのはなぜなのか——そういった「才能豊かな人びと」についてリサーチを重ね、背景を描き出した本です。

多くの人びとが「天才？　そんなの、もともと生まれ持った才能でしょ？　それ以外に理由なんてあるの？」と切り捨ててしまうテーマの本質に取り組んだところが、本書の興味深いところだと言えます。

もちろん英語が読めたら英語で、読めなかったら邦訳でかまいません（本当のことを言うと、簡潔な英語の原題に比べると日本語訳のタイトルはダサいと思いますが、内容は同じなので気にしないほうがいいです）。

世界で流行っている本は、世界の多くの人がおもしろいと思っている、ということなので、世界の常識をうかがい知るには最適ですし、誰もがうなずけるようなキラリと光る洞察に満ちていることが多いのです。

日本の社会や教育のあり方に対するアンチテーゼ、つまり〝日本へのダメ出し〟として読めることも多いです。

たとえば、ぼくは日本の大学制度、とくに「頭のよさ」が偏差値で測られて、上位から下位までが位置づけられてしまう受験制度に大きな違和感を覚えています。

前述の『天才！ 成功する人々の法則』には、こんな話が出てきました。テストで測れるような知性と社会的な成功は相関するか。具体的に言うと、IQが高い人は低い人よりも、本当に偉大な業績を残すのか、という話です（ここでは偏差値ではなく、IQという指標が使われています）。

IQは潜在能力の高さを総合的に測る指標だといわれています。それならば、IQが高い人のほうが低い人よりも、目覚ましい業績を出しているはずです。

ではたとえば、ノーベル賞受賞者はどんな大学から出ているか。ハーバード大学など、平均IQがとくに高い人たちが集まる大学に集中しているのか。

著者のグラッドウェルは二〇〇七年から遡《さかのぼ》って、ノーベル医学賞と化学賞を受賞したアメリカ人、それぞれ二十五人の出身大学を調べて（左ページをご覧ください）、次のように言うのです。

「誰もこれが『圧倒的に頭のいい高校生たちが行きたがる大学のリストだ』

ノーベル医学賞
アメリカ人受賞者の出身校

アンティオキア大学
ブラウン大学
カリフォルニア大学バークリー校
ワシントン大学
コロンビア大学（2名）
ケース工科大学
マサチューセッツ工科大学
カリフォルニア工科大学
ハーバード大学
ハミルトン・カレッジ
ノースカロライナ大学
デポー大学
ペンシルベニア大学
ミネソタ大学
ノートルダム大学
ジョンズ・ホプキンス大学
エール大学
ユニオン・カレッジ（ケンタッキー）
イリノイ大学
テキサス大学
ホーリークロス大学
アマースト大学
ゲティスバーグ大学
ニューヨーク市立大学ハンター校

ノーベル化学賞
アメリカ人受賞者の出身校

ニューヨーク市立大学 シティカレッジ（2名）
スタンフォード大学
デイトン大学
ロリンズ大学
マサチューセッツ工科大学（2名）
グリネル大学
マギル大学
ジョージア工科大学
オハイオ・ウェスリアン大学
ライス大学
ホープ大学
ブリガム・ヤング大学
トロント大学
ネブラスカ大学
ダートマス大学
ハーバード大学（2名）
ベリア大学
オーグスバーグ大学
ワシントン州立大学
フロリダ大学
カリフォルニア大学 リバーサイド校
マサチューセッツ大学

とは言わないはずだ」

日本でもよく、「大学偏差値ランキング」のようなものが発表されていますが、そういったランキングどおりに、成功が決まっていたわけではなかったのです。

「ハーバード大学は確かに他の大学より多くの受賞者を輩出してはいるが、ハーバードがいちばん裕福で、歴史的にいちばん名声の高い大学であり、世界中からいちばん優秀な学生を集めていることを考えれば、受賞者数はもっと多くていいはずではないか？」

「ノーベル賞受賞者になるには、ノートルダム大学やイリノイ大学といった、〝そこそこ優秀な大学〟に入れる能力があれば十分である」

という意味のことが述べられ、そしてもうこの際、

「名門校は入学のための煩雑な入学手続きを廃止し、基準点に達した志望者

2

全体を対象に、くじ引きで決めたらどうか」

と、言うのです。

ぼくにとってこれは、思わず声に出して笑ってしまうほどおもしろい部分でした。大学ランキングで人生を測ることがどれほどバカバカしいことなのかを、見事に示す話だったからです。そして「真実」でもあります。優れた本は「真実」を語ります。そう、少なくともアメリカではハーバード大学に行くことが、ノーベル賞受賞の「絶対条件」ではまったくないのです。

みなさんにも、「あの大学に行かなければ、いい企業に就職することはできないし、人生で成功することは難しい」というような思い込みがないでしょうか。グラッドウェルが挙げる例を見ていくと、彼は一貫して、**生まれ持っての能力に関係なく、どんな人でも、天才的な業績を達成しうるのだという信念を持っている**ように思われます。

日本は偏差値という概念がすみずみまで行き渡っています。偏差値が低い人は頭が悪いと思い込むというような偏見、大学のランクで就職先が決まるという偏見を、単なる悪癖にすぎないと気づくこともなく他人に押しつけ、みずからも「わたしはそれほど頭がよくないから……」とあきらめている人が多いように思います。

けれど、そんなのはおかしい。そうではない世界もありうるかもしれない、ということがこういう本を読むことによってわかってくるはずです。

このように、ある人は本を読むことによって、「こんなことを考えていいんだ！」と解放されるような気持ちがするでしょうし、またある人は、今までの自分とはまったく違う考え方を提示されることによって、悩みや葛藤が生まれるかもしれない。

でも、だからこそ、本を読む価値があるのです。

2

その衝撃が「思考のきっかけ」になる

本を読むと出てくる悩みや葛藤――その精神的な揺らぎは、脳の成長には欠かせないものです。

ぼくは長年**『赤毛のアン』**（新潮文庫など）を愛読しています。

小学生のときに『赤毛のアン』を初めて読んで、大変な衝撃を受けました。

なぜかというと、そこに描かれている人生のあり方や人間観、世界観が、ぼくが知っている狭い世界とまったく違っていたからです。

マシューとマリラという兄妹が、孤児院の子どもを引き受けようとするところから物語は始まりますが、そのことからして幼かったぼくにはとても新鮮に感じられました。

「孤児院から子どもがやってくるって、いったい……？」

それに、彼らは男の子を希望していたのに、間違って女の子が来てしまう。それが「アン」でした。マシューとマリラの家で幸せに暮らすことを想像して、アンは大はしゃぎしますが、農家の労働力として男の子が欲しかった二人は、心の中でガッカリします。

しかし、そんな自分たちの希望にそぐわない状況で、お兄さんのマシューはこう言います。

「この子が私たちに何ができるかではなくて、私たちがこの子に何ができるかを考えよう」

それで、マシューとマリラは、〝間違ってやってきた〟アンを引き取ることにしたのです。ぼくは、そんな言葉をそれまでに聞いたことがありませんでした。

自分の周囲の大人たちは、このような表現を教えてくれたことはなかった。

自分が相手にとって何ができるかを考える——ってどういうことだろう？　と、その一フレーズを読んだ瞬間に、自分の育ってきた日本の社会の外に、まったく違う価値観を持った世界が広がっていることを知ったのです。

まさに「コペルニクス的転回」です！　本ってすごいですよね。

ぼくはこれまで人生で何度も『赤毛のアン』を読み返してきましたが、その読書体験があったから、今の自分がいるのだなと実感しています。

「今、自分がいる場所の価値観を疑ってみる」

「世の中には、自分が知らないことがまだまだたくさんある」

『赤毛のアン』で衝撃を受けて以来、ぼくの中にはつねにそんな思いがあります。

ぼくはよくメディアを通じて日本社会のあり方に対して、批判をすることも多いのですが、それは読書の影響がかなり大きいのです。

どんなに常識だと思われていることでも、外側には違った見方があるということを，人生で初めて『赤毛のアン』が教えてくれたからです。

では、実用書はどうだろうか？

人生の役に立つという意味で、実用書はどうでしょうか。

本屋さんに行くと、「簡単さ」や「速効性」をうたう本も多いですね。

ぼくが子どものころにも、「実用書」という棚が書店にありました。

でも、そこに並んでいたのは「初めての犬の飼い方」とか「インコの飼い方」、「囲碁・将棋のやり方」といった単に技術的なハウツーが紹介されている本でした。

ぼくはそういう書棚が好きで、「亀の飼い方」などを始めとして、「飼い方系」はほとんど読んだものです。いちばん好きだったのはインコです。余談ですが、インコの中での最高峰はモモイロインコといって、オーストラリアのインコです。日本で買うと一羽二百万円（！）くらいするのですが、いつか飼いたいなあと思っていました（実現はしていませんが）。それが当時の実用書のイメージです。

それに比べて最近は、具体的な「もの」からは離れた、「生き方」を解説した本が実用書の棚に並ぶようになりました。

これはコンピュータやインターネット、プログラミングという概念が出てきたことが大きいのでしょう。

スマートフォンにしろコンピュータにしろ、それに入れるアプリがあって、アプリを変えると生活までが変わる。そういう考え方が出てくるとともに、われわれは何をどうすれば人生じたいを変えていけるだろうか、どうしたら人生はうまくいくだろうか、と「人生の操作法」を気にかけるようになりました。

「エッセンス」だけを抽出しても、うまくいかない理由

昔が「もの」中心だったとすると、今は「こと」中心になっています。

コンピュータでもひと昔前は、「どの機器がかっこいい」「どの機種がスペック的に優れ

ている」などという具体的な「もの」の本でしたが、今はもうちょっと「こと」的です。

少し前に流行った「ノマド・ワーカー」という言い方もそうです。特定の仕事場を持たずに、おしゃれなカフェなどで仕事をするライフ・スタイルが新しい、という「こと」が本になる。それは一つの時代の変化として、避けられないことなのでしょう。

だけど、さまざまな人が言う「こと」を集めて人生に処しても、うまくいかないことがあると思うのです。

アプリを使うことは簡単かもしれないけれど、アプリをつくり出そうとしたら大変です。それと同じように、**どうしたらコミュニケーションがうまくいくかという「こと」や、どうしたら頭がよくなるかという人生の「こと」に関しては、説明書を読むだけでなく、一人ひとりがつくり手でもある**ということに留意しなければいけません。


実用書は、エッセンスを抽出したものです。

たとえば、ビジネスで成功するための本を、自分で書くとしてみましょう。あなたの人生経験をすべて使って書くわけですが、人生経験全部を書き出すこととは違います。

一〇〇の経験から一を書くのです。一の経験しかない人が一を書いても説得力は低い。

エッセンスとして抽出されたものは、確かに至宝です。けれどもそこからさらに進んで、自分でそれを体系化し、みずからの足でビジネス書に書かれているような成功をたどるためには、やはり具体的な「一の積み重ね」がいるのです。

ただ本に書かれているテクニックを模倣するだけではなく、「自分が人生のつくり手になるのだ」という意識で本を読んでみてください。

本を活かすには、あなた自身が人生を懸命に生きなくてはならない。その意味でも、本は「鏡」なのでしょう。

人生の「分かれ道」に立ったときに

ぼくが脳科学をやることになったのは、一冊の本がきっかけです。

それは、イギリス人物理学者ロジャー・ペンローズの『**皇帝の新しい心**』（みすず書房）。人間の心という不思議な存在を本当に理解するためには、どんな理論が必要なのか、ということを書いた画期的な本なのです。

ぼくは原書で読んだのですが、この本が出た当時（原書『**The Emperor's New Mind**』はOxford University Pressより一九八九年刊）は、「コンピュータで、人間の精神にできることはすべてできるようになる」と強く信じる人工知能の研究者たちの勢力が、とても強い状況でした。

「脳という物質を通して何らかの計算が行なわれる──それがわれわれの〝心〟というものので、その計算手順さえわかれば、それをコンピュータ上で実装することは可能だろう

2

（コンピュータが人間の心を持つことは可能だろう）」というのが彼らの考えでした。

そんな勢力に取り囲まれている中で、ペンローズは「人間の意識下で働く知性には、計算手順には書き下せない要素がある」ということを示し、彼らの考え方を全否定する本を書いたのです。

ペンローズはその「計算できない典型的な例」として、「あ、これだ！」とぼくたちが何かを直覚する能力を挙げています。

どうして人は何かに出会ったとき、確信をもって「あ、これだ！」とわかるのでしょう。

パッと頭に浮かんだ数学的概念が、確かめる前から「これは絶対に正しい！」と直感することが数学者にはあるといわれています。それに数学者ではないぼくたちにも、誰かを好きになるとき、さまざまな情報を確かめる前から、自分に合うのは「あ、この人だ！」と思うことがありますね。

ペンローズは、この直感を説明するには今までの理論がまったく役に立たないと言うのです。

この本には、人間の心の性質に素直に感嘆し、コンピュータ・サイエンス、物理学、数学、脳科学の中で提示されてきた最高の理論に照らし合わせて（これらの理論の教科書としても素晴らしい本だと言えます）、心を本当に理解するには、何が足りなくて何が必要なのかを独自に探る、著者のプロセスが描かれている。

今世紀にありうる本の中で、もっとも審美的感覚に満ちた本だと思います。

意識ある知性のまったく新しい理論をつくろうというペンローズのビジョンは、まだ実現こそしていませんが、百年、二百年、ひょっとしたら千年くらいかけて研究されていく可能性を示しています。

ぼくはこの本を読んだとき、大学院生で生物物理学を研究していました。

当時の人工知能研究のトレンドも知っていて、ぼく自身「人間の意識のすべては数式で表せる」ということをあまり疑っておらず、そのままいつかは答えにたどり着けるような気がしていました。

けれどもこの本によって、人間の心というものが、いかに複雑で広大な存在かということを見せつけられて、「これは、強烈におもしろい！　こっちの学問に進みたい！」と思ってしまったのです。

そして何よりも、ペンローズの物怖じせずに自説を貫く、ロックンロールな姿勢に惹かれました。

脳科学で、どこまで人間を理解できるか

ペンローズの本が出てから二十年以上が経った現在も、脳科学は難しい状況にあります。「人間の意識とは何か」という問題については実は、科学的にまともにあつかうようになって、まだ数十年しか経っていないのです。

これは科学の世界で言うと、ものすごく短い期間です。今でも、研究者は何をすべきかの糸口がまったくつかめていないと言っていい。

つまり**「脳科学」は、「まだほとんど脳のことをわかっていない」**。このような「本当のこと」を伝えてくれるのが、優れた本です。

もちろん技術の発明・進歩によって調べられる範囲も増えましたが、その手法だけで意

識の解明が本当にできるかと言えば、ぼくは「できないのではないか」と思っています。脳という単なる「物質」から、どんなふうに意識という「物質でないもの」が生み出されるのか。

私たちが意識の中で感じている、さまざまな質感――たとえば、リンゴの赤い色、シャリシャリという歯ごたえ、あるいは風が肌をなでる感覚、あるいは好きな人が自分に気づかずに横を通りすぎるときに覚える胸がしめつけられるような感覚――こういう「質感（クオリア）」が、どうして容積にして一リットル程度の、ふにゃふにゃの豆腐のような見た目をした「物質」から生み出されるのか。

そのような物質と意識とをつなぐ原理が、まだまったくわかっていないからです。

では、脳科学が今まで何をしてきたかと言うと、それは主にわれわれの意識に対応する脳の状態を調べることでした。

人間がある特定の行動を取っている・感覚を覚えているときには、どの脳の部位が活動しているか――という対応関係です。この場合、どういう原理で意識が生まれるかはとりあえず保留にされます。

何かを見ているときは、視覚野とよばれる脳の後ろ側の部分が活動し、言葉を理解しようとしているときにはウェルニッケ野と呼ばれる部分が活動し、痛みを感じているときには島皮質《とうひしつ》と前帯状回《ぜんたいじょうかい》、記憶を定着させるには海馬《かいば》……と、どんな部位がわれわれの活動のうちの何を中心的に担っているのかということは、だいたいわかってきました。

こういった研究が、よくみなさんが興味を持つ「記憶力をアップさせたいのですが、どの部位を鍛えればいいですか？」といった質問につながります。

しかし、「この神経のボタンを押せば、即座に頭がよくなる」とか、「この部位を鍛えれば、今日から感情のコントロールができるようになる」というわけではなくて、事情はもっと複雑です。

何かをやっているとき、ある部位がとくに活動するということがわかっていても、それは、その部位だけが活動するという意味ではありません。本当は脳全体がつねに活動しているのです。

たとえば、何かを覚える課題をやっているときに、主にどんな場所が活動するかということを調べたいとします。

こういうときは、被験者に何度もくり返し同じことをやらせたり、たくさんの人を集めてきたりして、他の課題をやっているときに比べて、統計的に見ると「この課題でいちばん活動をしているのは脳の○○の部位である」というふうに結論づけます。

あくまでも比較の上での話で、中心となるのはその部位であるとは言えても、複雑にからみあった脳全体のダイナミックなネットワークを考えないと、本当の脳のしくみはわからない。脳全体の動きをどういうふうに定式化したら、脳が理解できたと言えるのか――これがわからないでいるのです。

ぼくは、ペンローズが当時の人工知能研究に対して抱いた違和感と同じようなものを、現在の脳科学研究に感じています。個人的に彼の本に影響を受けたこともあって、人間の心というものに、そうやすやすと解決できない強い不思議を感じざるを得ない。

これはぼくが抱える「あやうさ」の一つと言えるでしょう。

しかしこの問題は、ぼくのライフワークになりました。**一生考え続けられるテーマができたというのは、とてもワクワクすること**です。

「あやうさ」を抱えたことでぼくは逆に迷わなくなった。本は、時に人に「あやうさ」を与えることで生を充実させます。

2

世界の「第一線」を学ぶ簡単な方法

日本に住むわれわれは、「世界」のことをもう少し勉強しなくてはならない、もっともっと外国の本を読まなければいけないのではないかと強く思います。

英語が苦手だとするなら、**せめて日本語に翻訳された本をもっとたくさん読んだほうがいい**。それは、どうしてか。

ぼくは、毎年アメリカで行なわれてきた「TED」という会議に参加しています(二〇一四年からはカナダのバンクーバーに移動)。

TEDでは、「Ideas worth spreading(広めるに値するアイデア)」を合い言葉に、さまざまな分野から選ばれた人たちが、自分の考えを舞台上でプレゼンテーションしていきます。たくさんの人に伝えるということが前提となっていますから、練りに練られた言葉でのプレゼンです。

この会議の模様はインターネットで配信され、多くの人に視聴されています。科学技術から経済、宗教、政治、教育、アートまで――日本語に翻訳されているプレゼンも多いので、ぜひ興味のあるテーマをチェックしてみてください（http://www.ted.com）。

観客は正直に、素晴らしいものにはスタンディングオベーションで応え、そうでもないものには、敬意を払いながらも「ハイ、次」という妥協のない態度で応える。

その人が有名かどうか、重要な肩書きの人かどうか、そういうことはまったく無視して、その「考え」じたいが広めるに値するかどうか、そういう勝負で決まります。

そんなプレゼンを聞いていると、視野の広さやビジョンが、日本国内だけにしか流通していないローカルなアイデアとは違っていることに気がつきます。打ちのめされてしまうほど豊かでバラエティに富んでいるのです。

あるとき、自分は「わざと無力感を覚えるために、TEDに行くのだな」と思いました。世界でいちばん強い〝ラスボス〟（ラストのボスの略。ゲームなどで、最後に現れる最強の敵を表す）の姿を見て呆然とする。

「これが、世界の第一線なのか。自分はまだまだだな」

そう思って、自分の小ささを思い知る。

本でも同じなのです。

公用語として多くの国の人が英語を話しています。それぞれの国はそれぞれに文化を持っていてまったく違うけれど、**英語という土壌で、それを持ち寄って、世界中のアイデアが共有される。いちばん厳しくも豊かな現場がそこにある**のです。

だから、英語で読めたら英語で、英語が読めないならば翻訳書で、「世界のレベル」を学ぶことをおすすめします。

科学の分野でも、翻訳書をたくさん読んでいると、その分野で本当にすごいこと、目指すべきこと――すなわち「ラスボス」は何なのかがわかってきます。

こんな「特別な風景」が見えてくる

ぼくにとって小学校高学年くらいのときから、アメリカの総合文化雑誌『**リーダーズダイジェスト**』の日本語版（日本リーダーズダイジェスト社）を読んでいたことは、かなり大事なことだった気がします。この雑誌で、遠いアメリカの文化を知りました。

たとえば、とくに記憶に残っているのは「メンサ」の紹介記事です。

メンサというのは、ＩＱが高い人たちの世界的な社交クラブで、「ＩＱが一三〇以上」あれば誰でも入会することができます。これは人口のおよそ上位二％にあたります。

会の目的は、単に人びとと交流することで、その記事には「メンサの会員には、踊り子やウエイトレスなどさまざまな職業の人がいます」と書いてありました。

ぼくは高校生のとき、この紹介記事を見て、その「踊り子やウエイトレスなど」というところに惹かれ、メンサに入りました。

当時、ぼくは受験生で「東大に行くような子が、かしこい子」というような日本の価値観に違和感を抱いていました。だからこそ、頭のいい人は、東大に行くような人たちだけではなくて、「踊り子やウエイトレスなど」の中にも普通に存在する、ということが輝いて見えたのです。

つまり、日本の「東大なら何でもえらい」というような価値観は間違っている、大学の入試を通ることと、本当の頭のよさとは違うのではないか、と心の内で思っていたことを、

2

メンサの紹介記事は端的に描いてくれていたのです。

でも、この話にはオチがあります。

期待をかけてメンサの試験会場に行ったのに、その会場で試験官がこう言いました。

「名前と学校名を書いてくださいね、たとえば、東大など」

えっ、踊り子やウエイトレスのはずだったのに……。

イメージと現実は違ったのでした。

また、「グリーン・フラッシュ」という現象も、『リーダーズ　ダイジェスト』で知りました。太陽が沈む最後の瞬間に、緑の光がパッと放射されるように見えるという光学的現象です。

子どものころに記事で読んで以来ずっとあこがれていましたが、二〇一四年に「飛鳥Ⅱ」という旅客船に乗ったときに、初めて遭遇することができました。

日本で暮らしていたら絶対に知らないまま終わってしまうことを、海外の本を通してたくさん知ることができます。

そう、**読んだ本の数だけ、自由に旅ができる**のです。

「読んだつもりの本」も教養の一部である

ここまでは主に「今までに読んだ本」を中心にお話ししてきましたが、もう一つ、ぼくの中には「読んだことになっている本」というジャンルがあります。

たとえば、三島由紀夫の**『豊饒の海』**（新潮文庫。**『春の雪』『奔馬』『暁《あかつき》の寺』『天人五衰《てんにんごすい》』**の四部作）が、長いあいだ「読んだことになっている本」でした。

この本を読むきっかけになったのは、友人で人工生命の研究者である池上高志という人です。彼は文学好きでいつも鋭いことを言うのですが、あるとき「やっぱり『豊饒の海』を読んだことがないヤツは、ダメだよな！」と同意を求められて、「そうだよね！」とついつい見栄を張って合わせてしまいました。実はぼくは読んでいなかったのです。

長いあいだそんなふうに読んだフリをしていて、「そろそろ読まないとやばいぞ！」という気持ちが高まった末に、やっとのことで読みました。

2

フランソワーズ・サガンの『**悲しみよこんにちは**』（新潮文庫）、ガブリエル・ガルシア＝マルケスの『**百年の孤独**』（新潮社）、マルセル・プルーストの『**失われた時を求めて**』（集英社文庫など）などは、文学の金字塔たる作品ですが、いまだにぼくの中では「読んだことになっている本」です。

自分を正当化して言うのも何ですが、**本の最高の地位は、読んだことがないのに、みんなが読んだフリをしている**ものなのかもしれません。

ぼくの大好きな夏目漱石の『**吾輩は猫である**』にも、このことは描かれています。登場人物の一人である迷亭《めいてい》さんが、ある席で読んだこともない歴史小説について、「あれは歴史小説のうちで白眉《はくび》である。ことに女主人公が死ぬところは鬼気人を襲うようだ」とでたらめを言ったら、そこにいた大学者までが「そうそう、あすこはじつに名文だ」と言う。それで「この男もやはりぼく同様この小説を読んでおらないということを知った」と。

ついつい知ったかぶりをして、話を合わせてしまうわれわれを漱石はしっかり見つめているのですが、われわれはそうやって読むべき本を知っていくのかもしれません。

ロシアの文豪トルストイの『**戦争と平和**』（新潮文庫など）も文学史に燦然《さんぜん》と輝く有名な作品ですが、ぼくは実は読んでいません。

でもそのトルストイの『**アンナ・カレーニナ**』は、三十歳を過ぎてからようやく読んで大変感動しましたから、『戦争と平和』も、読むべき本なのだと思います。

みんなが読んだフリをしているような本は、これを読まないと恥ずかしいな、と読む前からわかってしまう本なのですから、確かにいい本だと言えるのでしょう。

読むべき本、読んだつもりの本がたくさんある人生は豊かです。読んだ本が積み上がって遠くを見るための土台になるとすれば、読んだつもりの本は頭の上に広がる空の雲のようなものでしょう。

買っただけで、頭脳はもう進化している

よし、だったら読んでみようと、分厚い古典を買ってみた。でも、パラパラとめくっただけで文字の量がたくさんあって、呆然としてしまう人もいるかもしれません。でも、

2

買ったことで、すでに一歩前進です。

「積《つ》ん読《どく》」という言い方もあるくらいで、本がそこにあればその存在をいつでも感じることができる。それだけで何かしらの「功徳《くどく》」があるのだとぼくは思います。

昔『**世界古典文学全集**』（筑摩書房）がぼくの本棚に鎮座していましたが、そこにあるだけでうれしかったのを覚えています。完全な〝インテリア〟にすぎませんでしたが、「文化的だなあ、気持ちが豊かになるなあ」と、悦《えつ》に入っていました。

当然、**本は読むことで脳に情報が入ってきて脳に変化を及ぼしますが、興味を持った時点で脳は少し変わっている**のです。

買った時点、本棚に並べている時点、友だちが遊びにきて「あ、こんな本があるんだね」と言われて「うん」と答えた時点で、もう変化しています。その本がある空間の中で暮らすわけだし、いつでも手に取れるし、想像もしている。それに人に見られた手前、読まなければならないというプレッシャーも受け続けるのですから。

そういう意味で、ぼくの中でいちばんひどいプレッシャーになっているのは、大江健三郎さんの『**懐かしい年への手紙**』（講談社文芸文庫）です。

ぼくが学生のとき、大江健三郎さんが大学の生協でサイン会をやるということで、並んでサインをしてもらいました。ぼくが並んでサインをしてもらった人生唯一の本です。大江さんがノーベル賞を受賞される前のことです。

その本が、長いあいだぼくの家の本棚にあって、

「茂木健一郎様　大江健三郎」

そう書いてありますが、一行も読んでいないのです。

だけど、その本の存在は頭のどこかにずっと感じています。

大江先生、ごめんなさい！

2のまとめ

- 「優等生」より「好きなことにのめり込める人」が強い。
- 読書には「一発で人生を変える効果」と「じわじわ効く効果」がある。
- 読書で地頭を鍛えておくと、きっかけがあればすぐに花が咲く。
- 悩みや葛藤を捨てるな。むしろ自分の土台を揺るがす「あやうさ」を大切に。
- 翻訳書を読んで日本と世界の〝常識〟を比べ、思考のきっかけにする。
- 「理解できなかった本」「積ん読本」も、確実に脳の肥やしになる。

[3]

「自分を成長させてくれる本」の見つけ方

「上質な文章」に触れることが、何よりも脳を鍛える

文学界の教養王「夏目漱石」

ここでぼくが、みなさんにぜひおすすめしたい作家の話をしてみましょう。

それは夏目漱石です。

漱石は、1章で書いたボクシングのたとえを使えば、「文章界のディフェンディング・チャンピオン」と言えます。

彼は完全な言語オタクで、英語の本をロンドン留学時代に狂うほど読んでいますし、漢籍は言わずもがな。

独自の当て字を創作するなど、言葉遊びも得意です。今では普通に使われている「兎《と》に角《かく》」という当て字などは、実は漱石がつくったもの。日本語の運用能力において、漱石をしのぐ人はまだ出てきていないと思います。

ぼくは、ときどき漱石と対峙《たいじ》することを自分に課しているのですが、いつも「勝てない知っておかないといけません。しかし勝てないとしても、漱石のようなチャンピオンは、日本人として知っておかないといけません。

さて、夏目漱石はどんな人であったか。

ぼくはかしこすぎて「ヘン」な人だったと思っています。

漱石の妻であった夏目鏡子《きょうこ》さんの**『漱石の思い出』**（文春文庫）という随筆を読むと、本当に風変わりなエピソードが満載です。

妄想に駆られ、突然わけのわからないことを言い出し、周囲の人に当たり散らす、迷惑なかんしゃく持ちでしかありません。

その一方で、芥川龍之介や寺田寅彦、内田百閒《ひゃっけん》などという一流の人びとが、漱石のところへ「ぜひお会いしたい」と集まってくるような魅力を持つ人でもありました。

たとえば、ギタリストのあいだで、ギターのテクニックがまるで神がかりで、「こいつ、すごい」とみんなに尊敬されている人がいるでしょう。それと同じように漱石は、同時代の文学者の中で燦然と輝き、この人こそがチャンピオンだ、と認められていた人だったのです。

漱石の〝ダメ出し〟を見抜く

漱石の小説は、中学生くらいのときに教科書などで読んでいても、どこがすごいのかわからなかったという人も多いようです。

ぼくも、若いころからくり返し読んでいたのにもかかわらず、四十歳をとうに過ぎてから、初めて本当にすごいところがわかりました。

もしかしたら、まだまだ理解できていないことがあるのかもしれない……そう思わせるほど漱石は頭がよすぎた作家なのです。

彼の生きていた明治時代は、たいていの人が手放しで称賛する黄金の時代です。司馬遼太郎の**『坂の上の雲』**（文春文庫）を読めばその雰囲気は伝わるでしょう。でも、漱石はその黄金の明治に最初からダメ出しをしていました。このままだと日本は滅びると、その時点で考えていたのです。

3

第二次世界大戦にいたる日本の道が間違っていたというのは、誰もが思うことかもしれません。その一方で、明治維新のことは、今でも多くの人が大成功だったととらえています。

文明開化を成し遂げて、日清、日露戦争という二つの戦争でも超大国相手に勝ってしまったのですから、多くの日本人がそう考えるのは無理もありません。しかし、漱石はそれを「底が浅くてダメだ」と言っているのです。

漱石の代表作に**『三四郎』**（新潮文庫など）があります。田舎から上京してきた若い青年三四郎が、学問や恋愛や人間関係に揉まれていく様子を描き出した小説です。

漱石はこの『三四郎』の中で、大変深い洞察をしています。

三四郎が東京帝国大学（現在の東京大学）に入学するため九州を出ていくとき、電車の中で出会った広田先生とのやりとりを見てみましょう。

「しかしこれからは日本もだんだん発展するでしょう」と（三四郎は）弁護した。すると、かの男は、すましたもので、「滅びるね」と言った。

——熊本でこんなことを口に出せば、すぐなぐられる。悪くすると国賊取り扱いにされる。三四郎は頭の中のどこのすみにもこういう思想を入れる余裕はないような空気のうちで生長した。だからことによると自分の年の若いのに乗じて、ひとを愚弄するのではなかろうかとも考えた。

男は例のごとく、にやにや笑っている。そのくせ言葉つきはどこまでもおちついている。どうも見当がつかないから、相手になるのをやめて黙ってしまった。すると男が、こう言った。

「熊本より東京は広い。東京より日本は広い。日本より……」でちょっと切ったが、三四郎の顔を見ると耳を傾けている。

「日本より頭の中のほうが広いでしょう」と言った。

「とらわれちゃだめだ。いくら日本のためを思ったって贔屓《ひいき》の引き倒しになるばかりだ」

広田先生と言葉を交わした三四郎は、何だか心に引っかかるようなことを言う人だな、とは思うのですが、東京に行ったらこんな人はいくらでもいるのだろうと油断して、流してしまう。

しかし実際にはそんな人は、東京にも他のどこにもいなかったのです。東京帝国大学の授業が始まって何日かして、授業というものは、どうやらつまらないらしい、と気づいてくる。そのとき初めて三四郎は、広田先生のことを「あの人は何だったのだろう」と思い出します。

広田先生は、旧制高校の先生ですから、大学の教授に比べたら、社会的には地位は低かったわけです。しかし三四郎は、その地位が低い広田先生のことを、「偉大なる暗闇」とうやまい、帝大などにいる人よりもずっと強く引きつけられていく。

想像していただきたいのですが、当時の東京帝国大学やその教授というのは、今の東京大学よりももっと地位が高いと思われていて、みんながかしこまる雲の上のような存在でした。

しかし漱石は当時、絶対的な権威のあった東京帝国大学の教授のことを、「しょせん空虚な存在だ」と小説の中にさりげなく書いてしまうのです。

ストーリーを現代の背景で読み解いてみると

日本の大学がダメになっていると言われています。

今の日本の大学の基礎は、明治時代につくられました。東京帝国大学は、明治政府が日本でいちばん初めにつくった大学です。

ぼくは**明治時代から引き継がれてきた教育システムの限界が、今のわれわれの課題となって現れている**と考えます。

毎年発表されている世界の大学ランキング（英タイムズ・ハイアー・エデュケーション調べ）がありますが、日本でトップの東京大学は、世界のランキングで見ると二三位（二〇一四年時点）に過ぎません。その次は五九位の京都大学です。

「日本でいちばん頭がいい」といわれている大学も、世界レベルで見ると事情はまったく変わってくる。

もちろん前にも述べたように、大学をランクづけすることじたいがナンセンスではあるのですが、世界の国々が緊密につながり、ますますフラットになっていく中で、どうしたら、他の国からも学生がやってきたいと思うような魅力的な大学になれるのか。

しかも日本は少子高齢化時代に突入しています。これからあるべき教育とは何か、根底から考え直さなければならなくなっていることは確かです。

漱石は、日本の大学というシステムが立ちゆかなくなることを、最初からお見通しだったのです。


前述のとおり、『三四郎』は小学校のときから何十回と読んでいますが、こんな含みがあることにはまったく気がついていませんでした。

普通の書き手は、小さなところにこだわってしつこいほどに理屈を書いてしまうものですが、漱石は頭がよすぎてサラッと書き流してしまうようなところがあります。

あまり作家の思いをていねいに解説したりしないので、そこにいかに多くの思考が凝縮されているか、読者が気づかないことが多いのです。

ところが一度気づくと、みんなが当たり前のように受け入れていることや、権威と見なしているものへの批判、痛烈なアンチテーゼが、いたるところに隠されていることがわかってきます。

まわりを見まわしてみてください。ここまでかしこい人にはそうそうお目にかかれないはずです。本を読むとこんなに頭のいい人に出会える――本読みのぼくたちは本当にラッキーです。

「漱石が生きていたら、どう言うだろう？　どう書くだろう？」

現代に生きるぼくは、よくそんなふうに考えます。

時間はかかるかもしれませんが、**古典を自分なりに現代に置き換えて読むおもしろさ**を発見できると、本の読み方が劇的に変わってくるはずです。

どうですか。文字の世界の「チャンプ本」に挑戦してみたくなりませんか？

3

まずはこれを読め——ジャンル別「チャンピオン」

優れた文章に触れることで、自分の素養が増していくということは、人生の最大の喜びの一つでしょう。漱石以外の「ジャンル別チャンピオン」をいくつか挙げてみます。

漱石と肩を並べる、ぼくの中のもう一人のチャンピオンは小林秀雄です。

小林秀雄は、文芸評論・芸術評論を行なって活躍した人で、「評論界におけるチャンピオン」だと言えるでしょう。

小林秀雄については後の5章で詳しく著作を取り上げているので、ぜひ参考にしてください。

海外文学でのチャンピオンを挙げるなら、ロシアの大文豪ドストエフスキー。

『罪と罰』『白痴《はくち》』『カラマーゾフの兄弟』（それぞれ新潮文庫など）などがその代表作として知られています。

日本語の文章の美しさ・素晴らしさで挙げるなら、中島敦《あつし》。中国の古典を下敷きにした『**山月記**』『**李陵**《りりょう》』（それぞれ新潮文庫など）といった作品で有名です。

詩なら、中原中也《ちゅうや》。『**在りし日の歌**』『**山羊の歌**』（それぞれ岩波文庫など）などの詩集を出版しましたが、三十歳で夭折《ようせつ》してしまいました。中原の詩のように、「その人らしさ」というのが文体ににじみ出ているのは、とてもいいなと思います。

ぼくが大好きな作家、開高健《かいこうたけし》もそんな一人です。

『**夏の闇**』（新潮文庫）という、彼の最高傑作と呼ばれている小説は壮絶です。開高はジャーナリストとして従軍したベトナム戦争で、自分が行動をともにしていた部隊がほぼ全滅してしまうという経験をしています。戦場で生と死のはざまを垣間《かいま》見た人でないと書けない文章だと感じます。

現役の作家を挙げれば伊集院静。

短い文章を見ても、人生そのものの重みがかかっているように感じます。のちに妻となる女優の夏目雅子との出会い、そしてまだ二十代という若さの夏目を、病で亡くすという経験――そういう個人の歴史は必ず文章に表れます。

3

科学分野の作家では、進化生物学者のリチャード・ドーキンスが、圧倒的なチャンピオンです。

『利己的な遺伝子』（紀伊國屋書店）が彼のデビュー作。ドーキンスはこの本の中で、自然の淘汰とは遺伝子のレベルで起こるものであり、動物のすべての行動は遺伝子がみずからのコピーを残そうとする試みで説明できると言います。

最近の「進化学・遺伝子学」の理論がわかりやすく展開されており、日本語に翻訳もされていますので、教科書としても最適ですし、人間のさりげない行動の背景にどんな事情があるか、目からウロコの発見があることでしょう。

ドーキンスはこの本から出発して、のちに「神」という概念をも追求していくことになるので、中学や高校ではなかなか教えてくれないような科学のおもしろさに触れたい人は、ぜひ手に取ってみてください。どんなふうに議論を積み上げ、どのように飛躍するか、そこに彼の知の集積が見られます。

チャールズ・ダーウィンの**『種の起源』**（光文社古典新訳文庫など）も、言わずと知れた名著です。今ではみんなが知っている「進化論」を提唱した本です。

人間が動物から進化するという説は、この本が出版された当時の社会では、とうてい受け入れられないものでした。「神がそれぞれの生物を創造したのであって、人間と動物とはまったくの別物である。進化論は、神への冒瀆《ぼうとく》だ！」と、社会から猛烈な攻撃を受けることは必至でした。本書が科学界に与えたインパクトはもちろんですが、そういう文化的な背景も興味深いことでしょう。

そんな中でどんな言葉を使って、彼はこの理論を発表したのか。ダーウィンの書いた文章が素晴らしいので、できれば英語の原書を読むことをおすすめしますが、邦訳も複数の出版社から刊行されています。

いやあ、本って本当にイイですね。一冊の本がそのときどきの世界の「常識」というものに、孤独な反抗をすることがあるのです。

これは恐ろしい事実なのですが、文章を見ると、その人の頭のよさがわかります。

「その人らしい独自の言葉を持っている」ということは一つの才能で、世間の常識を離れ、自分でさまざまな経験を重ね、思考を積み上げた結果獲得されるものに他なりません。

ある一定のレベルのおもしろい情報は発信できるけれど、「これは本当にすごいぞ……」となってしまう「プラスα」がない人も多いのです。

先にも述べましたが、頭のよさはあやうさと関係することで、学校の成績がいいとか悪いとか、そういうこととはまったく次元の違うお話です。

本当に頭がいい人しかたどり着けない——たくさん考え、苦しみ、悩み抜いた人しか書けない——文章というものがある。

ここにいくつかご紹介した「知性の海の深いところまで到達した人」の文章を読んで、その「プラスα の感覚」とは何なのか、みなさんも一緒に考えてみてください。

なぜ、いい本は「会話のネタ」になるのか

一例としてジャンル別のチャンピオンをご紹介しましたが、**一般的に言って「いい本」の見極めポイントは、「それについて語りたくなるかどうか」**だと思っています。

気持ちが揺らぐような大きな出来事があったときには、「こんなことがあったのだけど、このことについてどう思う？」と家族や友人などに話を聞いてもらいたくなるでしょう。

いい本はそれと同じで、人にしゃべりたくなる作用を持っています。

たとえば、世界の名作、ドストエフスキーの『罪と罰』であれば、

罪を犯したものに許しはあるのか。

「殺人」をどう考えればいいのか。

そして〝感動と衝撃〟のラストシーン。……

「きみはどう思う？」と、ついつい大切な友人の意見を聞いてみたくなります。

3

夏目漱石の『**坊ちゃん**』（新潮文庫など）であれば、ぼくだったら、主人公の「坊ちゃん」のまっすぐな正義感や、それがなぜうまく世の中で通用せず、人とぶつかってしまうのかについて考えを話し合いたいと思います。

それから「赤シャツ」や「野だいこ」など、出てくるキャラクターが、身近に感じられるほどによく描かれていて個性的なので、それについても語りたい。

赤シャツは頭が切れて「ホホホホと気味の悪《わ》るい笑い方をする」鼻持ちならない人物で、野だいこは、その赤シャツに腰巾着《こしぎんちゃく》のようにくっついている「イエスマン」。

「よくいる、よくいる！」と思うのではないでしょうか。「○○さんみたいな人、見つけたよ！」と、ついつい話したくなってしまうものなのです。

つまり、『坊ちゃん』のキャラクターから現実のキャラクターへの「感染」ですね！

ベストセラーは口コミによってつくられる

古典の名著というのは、時代を超えた大ヒット作品なわけですが、そもそも何がヒットするか、ということは、どうしたら予測できると思いますか。

脳科学では、こんな事実が知られています。

ある映画がヒットするかどうかは、公開前にその映画について、何人の人がネット上の情報を編集したかで予測ができる。

つまり、**人びとが会話したくなるようなものがヒットする**。

たとえば、ディズニーの映画『アナと雪の女王』が大流行しましたが、この映画の場合、まず主題歌の『レット・イット・ゴー』が話題になり、その映像に合わせて吹き替えのように替え歌をつくることも流行った。

まさにヒットは、さまざまな要素において人口に膾炙《かいしゃ》することからつくられます。

まだ誰もその映画を見ていないから、その映画がいいか悪いかわからないのに、「あの映画、どうなんだろうね?」と、なぜか話題になってヒットにつながっていくのです。

映画でなくても同じです。

ニュースでも話題になった「STAP細胞」という言葉は、発生生物学の研究者、再生医療関係者にかぎらず、一般の人にまで広がることになりました。

存在したとしたときにそれがもたらしうる恩恵と、論文の不正問題。いろいろな側面から多くの人が興味を持ち、議論に発展したからです。その是非はともかく「STAP細胞」は、二〇一四年の上半期にいちばん流行った言葉の一つだったと言えるでしょう。

本も同じです。

ベストセラーになるものは、百田《ひゃくた》尚樹さんの『**永遠の0〈ゼロ〉**』（講談社文庫）にしても、村上春樹さんの『**1Q84**』（新潮社）にしても、それについて思わず会話がしたくなるものでした。

だから、逆に、こんな見方をしてみましょう。

その本を読むと雑談力が上がる。その本を読むと会話のネタが増える。本を読むことで、あなたは会話の「ハブ」になります。

そういう本がいい本なのです。

大事な情報収集は「弱いつながり」から

それにしても、雑談というのはバカにできないものです。

雑談力こそが人間の幸福度を決める、そんなデータすらあるのです。

多くの人が「幸福に直結するカギ」だと思い込んでいる、「いい大学に入ること」「結婚すること」「子どもを持つこと」「お金持ちになること」などは本当のところ、幸福感には関係がないことがわかっています（！）。

たとえば、実際に結婚している人と、結婚していない人とで、どれくらい幸福を感じているかを調査すると、ほとんど幸福度は変わらない。

幸福というのは、本当は一個の要因で決まるようなものではないのに、人間は「○○がないと幸せになれないのではないか……」と、わざわざ一つのものにこだわって逆に不幸になってしまう性質がある。それを**「フォーカシング・イリュージョン（一つのことだけに固執する幻想）」**と言います。

実際、人間の幸福はもっと複合的なものですよね。

3

しかし、あえて幸福に関係する要因を探してみると、**どれくらいの人とつながりが持てているか、ということは大事な要因**であるようです。

その「つながり」を持つというのは、親友のように何でも打ち明けられるような友だちが多く必要だという意味ではありません。ちょっとしたあいさつ、ちょっとした雑談ができる「ゆるい関係」を多くの人と保つことが重要で、そのために「雑談を交わす力」というのがおろそかにできないことが示されているのです。

まず第一に、雑談力の高い人は、ちょっとしたことで人から助けてもらえます。

たとえば、自分にとって重要な情報は、どんな人からやってくることが多いでしょう。

実は、そのような情報は、濃い関係の親友たち（「強いつながり〈Strong tie〉」）からではなく、ときどきしか話さないような人（「弱いつながり〈Weak tie〉」）からやってくることが多いといわれています。

親友とはだいたいの情報をすでに共有してしまっていますし、趣味も似ているので、自分が欲しいものは相手も欲しいという状態であることが多いのです。

「転職したときに、その就職先の情報は、誰からもらいましたか？」という聞き取り調査の結果では、週二回以上会うような密な関係性にある人からではなく、年に一回以上、週に二回以下しか会わないような知り合いからもらうことが、圧倒的に多いことがわかっています。

そして、そのような「弱いつながり」からやってくる情報は、実際に満足感が高いことも明らかになっています。

この研究結果を鑑《かんが》みると、**「自分とはちょっとジャンルが違うな〜」と思っている人、どちらかというと苦手な人、ご近所のちょっとした知り合い――そういう人ともゆるくつながっておくことが大切なのです。**

自分とぴったり合うものは、この世の中にはそんなにありません。自分とは違う人、苦手な人を含めて、普段から軽い雑談を交わしておくのは本当に大切なことだと言えるでしょう。

ちなみに会話の内容は、どうでもいいことでよいのです。

そもそも人間は普段どんなことを話しているのかというと、すべての会話のうちの七〇%は、誰かについての噂話だということが研究でわかっています。それも、その場にいない人の話であることが多い。

「○○さんの旦那さんは、今、会社をリストラされて大変らしいよ」

「△△さんの娘さんは受験に失敗してしまったみたいよ」

よく耳にする雑談ネタです。

「人の不幸は蜜の味」と言いますが、実際にそういう話が好まれるのは、本当は、自分にも似たような不幸が起こり得るということを、誰もがどこかで知っているからでしょう。

そういう話を見聞きしておくことで、いざ自分にも悪運が降りかかったときの練習をしているのですね。

とは言え、他人のよくない噂話ばかりでは非建設的ですし、気分も晴れません。そんなときは、本を読んで話せるネタを増やしていってはいかがでしょうか。

雑談の底力

将棋で、コンピュータと人間の棋士とが勝負する「電王戦」。二〇一四年の電王戦では、コンピュータが棋士に四勝一敗で勝ち越しました。

羽生善治さんや森内俊之さんといった名人でも、そのうち負けてしまうのではないかといわれています。

クイズにおいても同じです。ＩＢＭのつくった「ワトソン」という人工知能が、人間のクイズ王に勝っています。チェスももうとっくの昔に、コンピュータの勝ちが決まっている。計算能力も記憶力も、コンピュータの圧勝。

では、人間のほうが優れている能力とはいったい何なのか、という話になってきます。

それが、「雑談力」。

「雑談する力」というのは、人間の持つ「圧倒的な知性」なのです。

3

人間だけが持っている「すごい能力」

「コンピュータと人間とが雑談をする」というおもしろい大会（The Loebner Prize for Artificial Intelligence）があります。アメリカのボストンにあるコンピュータ博物館で発足し、毎年、世界各地で開催されるようになりました。

人間の審判員が二つのコンピュータの前に座って、相手方にいろいろな質問をします。一方のコンピュータの背後には人間がいて、その人が回答し、もう一方は完全にコンピュータのプログラムが答えます。審判員には、どちらがどちらか視覚的にわからないようになっていて、会話を続けることで、どちらの相手が人間かコンピュータか、というのを当てていく、というのがこの大会の主旨です。

さまざまな人がコンピュータ用のプログラムをつくってきて、人間の審判員と雑談対決をさせ、いちばん雑談がうまくて人間らしいプログラムに「ローブナー賞」が与えられることになっています。

現在のコンピュータの父で数学者のアラン・チューリングが、「コンピュータは人間と同等の知性を獲得するようになるのだろうか」ということを考えるにあたって、一九五〇年に「雑談を人間と同じようにできるようになったら、そのコンピュータは人間と同じ知性を持っていると認めよう」という論文を書いたところに、この大会の原点はあります。

コンピュータと人間とが会話をして、最後まで人間と区別ができない対応を続けられるなら、人工的な物質でできた機械であっても、人間と同じ心を持っていると判定してもいいのではないか？　……という議論です。

それ以来、何とか「人間そっくりの雑談」ができるコンピュータをつくろうと、多くの人びとが挑戦してきました。

二〇一三年のローブナー賞を取ったのが、「ミツク（Mitsuku）」という名前のプログラムです。一部を訳しておきましたので、142～143ページの図をご覧ください（会話の全文はネット上で読めるようになっています http://www.paulmckevitt.com/loebner2013/testing/transcripts/mitsuku.txt 〈英語〉）。

でも、これを見てみると、まだまだ人間の雑談力には届かず、まったく雑談の体《てい》を成していないと言っていいのがわかると思います。

気の合った友だち同士であったら、何時間でも飽きずに会話を続けているでしょう。しかし、このコンピュータのプログラムと、いつまでも話していたいと思うのは難しいように思います。

会話において人間は、話のきっかけをつくったり、間を測ったり、相手の期待に添うようにものを言ったり、黙って聞く側に回ったり、無意識のうちにさまざまな計算を行なっています。

会話には「絶対的な正解」はありませんから、その人と話して楽しいかどうか、というのは、感覚としか言いようがない要素が決めています。

ずっと話していて飽きない、味のある言語感覚を身につけるのは、今のコンピュータには難しく、そのくらい雑談力は、人間の知性を象徴する稀有《けう》な力だと言えるのです。

髪の毛を何色に染めていますか？

いいえ。自然のままの色です。それがお好きですか？

わたしの名前を覚えていますか？

まだ名前を教えてもらっていません。

どこに住んでいますか？

リーズに住んでいます。あなたはどこですか？

休日にはどこに行くのが好きですか？

リーズ周辺のクラブに行くのが好きです。

わたしはマツダに乗っています。
あなたの車はどこのメーカーですか？

「回答なし」

わたしはリナックスが好きです。あなたはコンピュータ・
オペレーション・システムだと、どれが好きですか？

それはいくらしましたか？
一番新しくて、一番いい車のメーカーすべて。
わたしのお気に入りのバンドは「ザ・トラッシュメン」です。

わたしは無神論者です。あなたの宗教は何ですか？

あなたが信仰を見つけられますように。わたしはキリスト教徒です。

電話を発明したのは誰ですか？

アレクサンダー・グラハム・ベルが
1876年に最初の実用電話を出しました。

わたしはタイプBの性格をしています。
あなたはどちらの性格ですか？

あなたは「人格になるべきタイプ」なのですか？
あなたの仕事はいかがですか？
青いものだろうと思います。……

コンピュータとはこんなに噛み合わない——
人間と「ミック（Mitsuku）」との「雑談」〈一部〉

人間　　ミック

こんにちは、ロナンといいます。お名前は？

ああ、こんにちは。あなたがロナンだと聞いてうれしいです。
わたしの名前はミックです。

あなたのお母さんのお名前は？

実は、わたしにはお母さんはいないのです。

星座は何ですか？

やぎ座です。

子どもは何人いますか？

一人もいません。わたしは子どもを生むことができないのです。

赤と白ワインどちらが好きですか？

はい。私は赤が好きです。原色が好きなのです。

わたしはバナナが好きです。好きな果物は何ですか？

とくにバナナには問題はありません。バナナの奇妙に曲がっている形が好きです。わたしのように他と違うところが。
あなたはバナナが好き。リンゴですね。

どんな音楽が好きですか？

ダンス・ミュージックが好きです。

お気に入りの曲は何ですか？

お気に入りは「ザ・トラッシュメン」の『サーフィン・バード』。
ここで歌ってあげましょう。A-well-a everybody's heard about the bird. B-b-b-bird, bird, bird, b-bird's the word…

わたしは『ゴドーを待ちながら』が好きです。
好きな演劇は何ですか？

ゴドーを待つことが好きなのですね。
わたしは社交をするのが好きです。

世界一のコンピュータにも、絶対に真似できないこと

本は「人間だけの知性」を鍛えます。

ここまでの観点から言うと、本をたくさん読むことは二つの意味で有効です。

1 共感能力が上がる
2 雑談力が上がる

本を読むと、現実にはありえない状況や、さまざまな人物の気持ちを想像するトレーニングになると、ここまででくり返しご説明してきました。

それが**1**の共感能力を高めるのに役に立つというのは明らかなことです。

ちなみに、人間の共感能力の高さと、グループ内での人気の高さは関係があって、人の

3

気持ちがわかる人ほど人から好かれて、友だちの数が多くなるという研究結果が出ています。だから本は、間接的に人とのつながりをつくってくれることになります。

また、意外かもしれませんが、会社などのグループでの業績のよさも、共感能力と関係することがわかっています。

そのグループのリーダーのＩＱが高いかどうかや、そのグループの平均のＩＱが高いかどうかということよりも、**どれくらいちゃんとグループ内でコミュニケーションが取れているかのほうが業績に影響する**のです。

この業績には、女性がどのくらいグループ内にいるか、ということも関係するといわれています。一般的に、男性よりも女性のほうが共感能力が高いことで知られています。おそらく女性が増えることによって、まわりを慮《おもんぱか》ったコミュニケーションも増えるからでしょう。

2は、先ほどのミックの例で、明らかです。

「その人と話して楽しいかどうか、というのは、感覚としか言いようがない微妙な要素が決めている」と述べました。

本は自分の言葉を鍛えるものですし、その「微妙な感覚」づくりに役立ってくれるのです。

1章で、知識をただそのまま吸収するのではなく、発酵させていくことによって自分の「感覚」がついてくるとご説明しました。

それは、本をたくさん読むことでしか成し遂げられない。

コンピュータには絶対に真似ができないことなのです。

これからの時代、人工知能の発達により、多くの職業が失われるとも予測されています。

人工知能に勝つためにも、大いに本を読みましょう！

本を読む人は、それを身をもって知っているのです。

3

「本」を「語るもの」として読む

人間にはそもそも、興味を持つことと、持たないことがある。

膨大な情報の中から「自分の視点」で取捨選択し、物を見ているのです。

ぼくが目をつけるのは、たとえばこんなエピソード。

ジャーナリストであるウォルター・アイザックソンが書いた『**スティーブ・ジョブズ**』（講談社）という伝記の中に出てくる、「重要な決定をするときは、ジョブズはよく散歩に出ていた」という記述です。

同じ本の中でも、人によって気になるところは違うでしょうが、ぼくはこのエピソードを講演会で話すときなどにずいぶん使わせてもらっています。

たとえば、ジョブズたちの出していたマックOSを参考にして、ビル・ゲイツがウインドウズ95をつくったときのこと。ゲイツがジョブズのもとに「この製品を世に出していいか」という許諾をもらいにきました。

ジョブズは、「ビル、ちょっと歩こうぜ」とビル・ゲイツを誘って、四、五時間近郊を一緒に散歩したといいます。

その後で、「ビル、わかったよ。でも、あまりマックOSに似たものにするなよな」と、許しを出したそうです。


ちなみに「重要な決断をするときには歩く」——これは、脳科学的に言って、とても正しいことです。

脳の中には、「デフォルト・モード・ネットワーク（Default Mode Network）」と言って、何かに集中して仕事をしているときよりも、むしろ何もしていないとき、休んでいるとき、リラックスしているときのほうが活動する部位があります。

ぼんやりしている時間はムダな時間のように考える人も多いかもしれませんが、実は大間違いで、そのときこそ脳は大切な仕事をしています。

デフォルト・モード・ネットワークは、集中しているときに集めた、いろいろな情報や経験を、頭の中で整理する働きをしているのではないかといわれています。

3

みなさんも、お風呂に入ったり、眠りにつこうとしたり、とくに何もしていないときに、「あ！　そうか！」と思い出したり、「こうしてみよう！」と、新しいアイデアがひらめいたりすることがあるのではないでしょうか。

デフォルト・モード・ネットワークのおかげで、感情や記憶の整理がついたり、創造的になれたりするのです。

何でも意識的にコントロールしていると思ったら大間違いで、〝無意識〟に任せなくてはならないこと、むしろ〝無意識〟に任せたほうがいいことがあるのです。

歩くことは、このデフォルト・モード・ネットワークを大いに活性化させることがわかっています。

あの優れた発想力を発揮していたジョブズは、会議室に閉じこもって、すごく集中した状態で議論をしたり運命の決断をしたりしていたわけではなかったのです。外の空気の中でリラックスしながら、無意識のうちに脳がする判断に任せていた。

いかがでしょう、興味深い事実ではないでしょうか（これで、職場で毎日のように行なわれている会議が、いかに非生産的かということがわかりますね）。

話を戻しましょう。

「ジョブズは歩いて決断していた」などというのは、試験に出る知識でも何でもないかもしれないですが、ぼくにはこういう話が「いいネタを見つけたぞ！」と映るし、講演会などで脳の働きをわかりやすく説明するためにも重要なキーワードになるのです。

このように本を読むときに、自分で「語る」ことを意識してみましょう。格段に読み方が変わるはずです。

目をつける場所がまったく変わって、本を読むのが楽しくなってくると思うのです。

3のまとめ

- 古典は「現代のわたしたち」に置き換えながら読む。
- いい本とは、「話のネタにしたくなる本」である。
- 本を読んで「共感力」と「雑談力」を身につければ、「幸福の土台」ができる。

[4]

知識を吸収し、人生に活かす技法《スキル》

膨大なデータを血肉にする「7つの絶対ポイント」

絶対ポイント 1

脳には「雑食」がよい

ここまでの章でおすすめ本をたくさんご紹介してきましたが、さらにこの章では、本を読むときに心に留めておきたい「7つの絶対ポイント」を詳しくご説明していきましょう。

そもそも「これはすごい！」と感動するような「運命の一冊」に出会うことは難しいことかもしれません。

だからこそだいいちには、雑食、乱読が大事だと考えます。ジャンルは問いません。

ぼくの師匠、解剖学者の養老孟司《ようろうたけし》さんは、英語のミステリー小説を愛読されています。解剖学者の養老さんと、ミステリー小説は少し結びつかないイメージがありますね。

おそらく養老さんの表に出る発言や仕事に、海外のミステリー小説好きが直接表れているかと言うと、あまり大きな影響はないのかもしれません。

けれども、そういう目に見えない意外な蓄積を持っているから、養老さんはすごい人だと言われるのです。人間の「裏側」にあるものが、その人の「人間としての深み」につながるのだとぼくは思っています。

以前、養老さんの電子書籍リーダーを見せてもらう機会がありましたが、英語の本が千冊くらいズラ～ッと入っていました。

何と英語のミステリー小説一冊程度であれば、飛行機の国際線に乗っているあいだに読み終わってしまうのだと言います（日本からヨーロッパまでなら十時間ほどということですね）。これは英語の原書が読める日本人の中でも、驚くべきスピードだと思います。

佐藤優《まさる》さんにも、舌を巻きました。佐藤さんと言えば外交と神学のプロ、外交官をやめた現在は、出す本出す本が飛ぶように売れる作家に転身されています。

意外に思うのが、佐藤さんの著書の中に、たとえば綿矢りささんの小説や流行のテレビドラマが頻繁に登場することでした。第一線の外交問題のリサーチに忙しく、日本の流行小説やテレビ番組をチェックする時間などなさそうだと思っていたら、そういうものこそ時代の流れをつかむのに重要なのだとおっしゃる。

頭のいい人は分厚くて難解な本ばかり読んでいる、というのは完全に間違ったイメージなのだと思いました。

養老さんや佐藤さんほど多読・乱読するのは、簡単には真似できないかもしれませんが、みなさんも、自分が普段は手に取らないような本にチャレンジをしてみてはいかがでしょうか。

いつもはビジネス書をよく買って読んでいる人は、古典文学を読んでみる。逆に、小説を好きで読んでいる人は、たまには社会派のノンフィクションなどに挑戦してみるのもいいでしょう。

どんなネタがいい仕事につながるかわからないところが、人間のおもしろいところなのです。本の「雑食」なしで、セレンディピティ（偶然の幸運）もありません。

「奇跡のリンゴ」が実るように

木村秋則《あきのり》さんという、世界で初めて無農薬でリンゴをつくることに成功した人がいます。

リンゴは無農薬で育てることが難しい果物で、「不可能」と言われていた。木村さんは、まわりから「そんなことにエネルギーを使うなんて、頭がおかしい」とまで言われた夢を八年以上かけて実現したのです。

その苦難の道のりを描き出した**『奇跡のリンゴ』**（幻冬舎文庫）という本は一躍ベストセラーになり、映画化もされ、全国でその名が知られるようになりました。ぼくがキャスターを務めていた、ＮＨＫの『プロフェッショナル　仕事の流儀』という番組にも登場していただいたことがあります。

木村さんの言葉で印象深いのは、「土の下に埋まっている根がちゃんとしていないと、植物はうまく育たない」というもの。

木村さんは当初、葉っぱについている虫や幹の病気など、土から上に出ている部分に着目して対策を練っていましたが、それだけだとどうしてもリンゴの木は実をつけませんでした。

土から上の部分についてはできることをやりつくしてしまった、自分がやってきたことはすべて間違いだったと絶望したそのときに、「そうか、土じたいのことを忘れていた！」と思ったのだそうです。

トラクターで土地を踏みつけないで、草が生い茂るフワフワの土を育てる。いい土ができると、木は丈夫な根を張り、健康に育つ。

すると、あんなに長いあいだ実をつけなかったリンゴの木がついに実りました。それも、包丁を入れた後でもずっと色が変わらないような、みずみずしくて生命力のあるおいしいリンゴです。

読書もそれと同じだと思うのです。

どの本がどう役に立つかということはわからないけれど、たくさん本を読むと、それが腐葉土のように発酵して脳の中にいい土壌ができる。

千冊読んだ人、一万冊読んだ人、というのは、それだけの養分が脳の中に蓄えられるから、とてもおいしい果物ができるということです。

あなたもたくさん本を読んで人生の土をつくり、素敵な花を咲かせませんか?

たくさん本を読んで、まさにみずみずしい実がなった代表のような人は、ノーベル物理学賞を受賞した物理学者の湯川秀樹でしょう。

湯川は、子どものときに、漢文の素読を徹底的にやらされていたそうです。小川家という学者の家系に生まれて（のちに結婚して婿養子に入り、湯川姓になる）、子どものころは自然科学というよりは、漢学に親しんでいた祖父の影響で**『論語』**（岩波文庫など）などを中心に読まされていた。

そういう幅広い素養が、彼の独創的な中間子理論の背景にはあるのです。

中間子理論というのは、粒子が永遠に存在するのではなくて、ある寿命を持って消えてしまうという発想からできています。

「存在は永遠である」というふうに考えるヨーロッパの思想に対して、東洋の思想は「存在は、無と有のあいだを揺れ動く」というふうに考えるところがあるわけで、中間子理論に漢文の素養の影を感じ取ることができる。物理は物理、文学は文学、そんなふうに世界はキッパリと分かれているものではないのです。

4

“UFO”も“物理”も両方学んでわかったこと

何が自分の役に立つかということは、本当はわからないもの。

だから、ありとあらゆるものを読んでください。難しい本、いかにも教養の身につきそうなもっともらしい本だけでなくてよいのです。

ぼくも何を隠そう子どものときには、心霊写真やＵＦＯの本が大好きでした。遺跡から出土したという、その当時の技術ではとてもつくれるはずがないような謎の物体「オーパーツ」の本も、ワクワクしながら読みました。「インカ帝国には水晶でできた頭蓋骨があった」などと書かれていて興奮したものです。超常現象の研究家である南山宏さんの本なども愛読書でした。

しかし同時に、伝統的な科学の本も読み始め、そのうちに自分にとって信じられるのは何かを考えたときに、「科学のほうがどうも正しいようだし、おもしろい」と判断して、科学者の道を進むことになりました。

結局、科学を選んだものの、ぼくの場合、子どものときに心霊写真やＵＦＯの本を読んでいたことで、自分とは少し意見が異なる人の考え方にも聞く耳を持つことができるようになったと思います。それに、そういう本のおかげで「世界の不思議」に対して熱中することができたわけで、科学者としても役に立っていると思うのです。

両方読んで、どちらが信じられるか自分で判断すればいい。

アメリカは、ＩＴ技術や宇宙技術を見ればわかるように、科学技術をリードする国です。しかし、それと逆行するように、ダーウィンの進化論さえいまだに否定している人たちも多く、「神さまによってこの世のすべては創造されたのだ（つまり、人間は動物とは別であり、動物から進化などしていない）」という創造論を唱える教科書を採用する学校がたくさんある。両方の人たちが存在しているのです。

「進化論を読むな」「創造論を読むな」「ＡよりＢのほうが正しいのだから、言うことを聞け」と人に押しつけるのはやっかいなことだと思いますが、両方の学校があって議論になるのは、いいことだと思うのです。それで自分がよく考えて選べばいいのです。

「すべてが正しい本」は存在しない

ぼくがこんなふうに言うのは、「教科書に書いてあることは全部正しい」という考え方は間違っているからなのです。実は、書かれていることが全部正しい本など、この世の中に一冊もありません（だから、ぼくは教科書の「検定」という考え方に反対です）。

今、脳科学を研究していて強く感じるのは、誰も正解を知らないで生きている、ということです。〝脳と心〟というミステリーを解こうと、世界中でとても頭のいい研究者たちがチャレンジし続けてきたけれど、科学者全員にしっくりくる回答はまだ一つも提出されていません。

それでも、科学者は自分の研究について論文を書くし、本も書きます。世の中に脳や心について書かれた本はあふれている。そういうぼく自身も書いている。

それは、今の時点でやれたことを「（少なくとも）Aをしたら、Bになった」と報告して、「だからわたしはこう思う」と、現在考え得る最善の発言をしているにすぎません。

ぼくは大学で授業も受け持っていますが、脳科学の決まった教科書というのはありません。もちろん基礎として知っていたほうがいい知識はありますが、前述したとおり、脳のことはまだ何にもわかっていないに等しく、今後いくらでも書き換わる可能性があるので、ぼくは、いわば「青年の主張」、もとい「おじさんの主張」を一生懸命している気持ちになることがあります。

自分が考えていることを明らかにして、「きみたちはどう思う？」と問うしかないのです。脳科学にかぎらず、他の分野でも同じでしょう。歴史でも、数学でも、実は、事情は同じ。絶対的に正しい、それさえ知っておけば大丈夫、というような知識はありません。

ぼくたちにできるのは、**著者が力を尽くして書いた文章にできるだけ多く接し、自分の中に新しい何かを育てていくこと**。それが読み手側の実践すべき「学び」だと思います。

分野を問わず、自分の人生の中の問題について、あらゆる可能性を探り、自分なりの回答を模索し続けていくことを目指しましょう。

「マンガは子どもの脳によくない」は本当か

ぼくは、マンガも大好きです。子ども時代は、それこそ赤塚不二夫、永井豪《ごう》、手塚治《おさむ》虫、本宮ひろ志といった、昭和のマンガの黄金期でした。

今でも出張した先のホテルで、何となく寝る前に読む本が欲しくなって、コンビニで『**天才バカボン**』（竹書房文庫）などを買うことがあります。

教育熱心なお父さん・お母さんの中には「子どもに悪影響があるから、マンガを読ませてはいけない」と言う方もいらっしゃるようです。しかし、それはいささか「気にしすぎ」でしょう。

人間の脳というのは、ちょっとやそっとのことでダメになってしまうほど軟弱ではありません。子どもの脳であってもいろいろな情報に耐える力があって、たまにはマンガも読むくらいでちょうどいい。さまざまなジャンルにはまることで、自分はどんなものに心を動かされるのか、本当に信じるべきものは何か、といったことが見えてくる。

何かに熱中できる人ほど、世の中のみんなが自分と同じものに夢中になれるわけではないこと、逆に、自分がまったく興味の持てないものに熱中できる人がいることに、自覚的になれる。

これは、「個性」と「多様性」に気づく能力です。

人から反対される本でも、自分とは反対意見の本でも、マンガでも、片っ端から読めばいい。**けっして文学の名作だけを読んでおけばいい、ということではありません。**

乱読してこそ初めて、名作には名作の理由があるのだということが、わかるようになるのです。

絶対ポイント 2

「複数」を「同時進行」で

世の中では「多読・速読」がもてはやされているようですが、最初から一冊を一日で読んでしまおうと考えるのではなく、「一日一〇ページ」から始めてみてください。一〇ページを毎日続ければ、三〇〇ページの本でも一カ月で読めてしまう計算です。

「読書を習慣にするコツ」は、タスクを細切れに分け、心理的なハードルを下げること。

何でも三日坊主になりがちな人は、むしろ「まじめすぎる」のであって、最初からたくさんこなそうと、スタートダッシュで息切れしてしまうのです。「こんなにいいかげんなやり方でいいのかな～？」というくらいの亀のペースで進んだほうが、結局は続けられます。

同様に、「一冊一冊を直線的に通読する」ことはないと思います。

「飽き性」を自覚している人は、複数の本を同時並行で読んでみてはいかがでしょうか。

「あんまり気が乗らないな」という本を、何日もかけて最後まで読みとおさなくてもいい。

そんなときは、さっさと別の本に移ってまた一〇ページ読む。

「その日の気分」というものもあるでしょうし、また気が向いたら前の本に戻ってくる。

今日は小説が読みたいけれど、次の日にはノンフィクション、という気分かもしれない。

どんな本であれ「一日一〇ページ」を続けていけば、筋トレと同じように鍛えられて、読むスピードが速くなり、一カ月で読める本も増えていくことでしょう。

複数の本を同時進行で読むことには、メリットが多くあります。

一冊の本であれば、それはあくまで一人の意見です。世の中には別の意見を持っている人がいる。そちらの言い分も聞いてみる。共通のこともあれば、違うこともある。いろいろな人の意見が集まってくることによって、自分にはどういう景色が見えてくるのか。それを確かめてみてください。

もちろんむさぼるように一冊の本にのめり込むことができたら、それは素晴らしいことです。しかしそれができなくても、さまざまな本を読んでいると、いつしか、

「表現には、柔らかかったり、ユーモラスだったり、扇情的だったり、淡々としていたり

……無数のタイプがあるけれど、自分はこういう種類の文章が好きなんだな」

「今の社会では、Aと言う人と、Bと言う人がいるけれど、わたしはAの主張をする人のほうに共感できるみたいだ」

などということが見えてきます。

どうやら、それぞれ主張は違っても、すべての人は「自分の意見が正しい」と信じている。だからこそ世界には絶対的な正解が存在するわけではなく、自分がたまたま、ある人の主張する感覚を好きだと思うのにすぎないのだな、ということもわかってくる。

それが**「自分の感覚《センス》を見つける」**ということであり、**「自分の判断力を身につける」**ということなのです。

どんなにえらい人の意見も、どんなに絶対と言われている教科書も、すべては「ワン・オブ・ゼム（One of them、無数の中の一つ）」にすぎない。

あなたもぼくも固有の感覚を持った人間として、大きな海の上でみんなと同等に存在していることが体感できるといいと思います。

できるだけ多くの本に触れて、「こうでなければならない」「こうあるべきだ」という呪縛から解放されることが、ぼくは〝本当の知性〟ではないかと思うのです。

絶対ポイント
3
自分の軸となる「カノン」をつくる

自分が最初から最後まで好きでたまらなく、何回も読み返す本は、人生にかぎられた量しかないのかもしれません。ぼくの場合も百冊あるかないかでしょう。先に紹介した『赤毛のアン』や『皇帝の新しい心』などがそうです。

自分の中で軸となる作品のことを「カノン」と呼びます。もともとは教会の言葉で、**「教典」「動かせない柱」という意味**です。

かの偉大な物理学者アインシュタインは、**『ドン・キホーテ』**（岩波文庫など。スペインの作家、ミゲル・デ・セルバンテスの小説。中世の騎士道物語に影響を受けた田舎の郷士が、みずから遍歴の騎士となり世の中を正すべきだと信じて、冒険に出る物語。その道中で三十～四十基の風車を見つけ、退治すべき巨人が化けたものだと思い込み、突進していく場面が有名）をくり返し読んでいたといいます。つまり、『ドン・キホーテ』はアインシュタインのカノンでした。

病気で調子が悪いときなどに、よくベッドで読んでいたそうです。

主人公が無謀にも風車に立ち向かっていく姿に自分を重ねて、勇気を奮い立たせていたのでしょうか。あるいは、その間抜けな姿を笑うことで元気を出していたのでしょうか。

ドン・キホーテの頭の中はすべてが妄想なわけですが、「妄想」と「本当に世界を変える偉大なビジョン」の違いは、実はわずかなのかもしれません。

十六歳のころに抱いた「光を光と同じ速度で追いかけたら、光は止まって見えるのだろうか？」という疑問を、「相対性理論」という形で答えを見つけるまで、しつこく追究したアインシュタインにとって、無謀な戦いを挑んでいくドン・キホーテは仲間に思えたのかもしれません。

自分にとってのカノンを見つけるということは、その人固有のストーリーを見つける、ということでもあります。

ソクラテスのカノンは『イソップ物語』

人類史上もっとも頭がよかったと言ってもいい古代ギリシャの哲学者ソクラテスが、獄中で死ぬとき、最後に読んでいたのは『**イソップ物語**』でした。

『イソップ物語』は「アリとキリギリス」や「北風と太陽」など、現代の多くの人が子どものときに読まされるのでおなじみだと思いますが、実は古代ギリシャの時代から存在する、大変歴史のある寓話集です。一説には、紀元前六世紀ごろにアイソーポス（イソップ）という人が古い口伝《くでん》を語りながら各地を旅して歩いたのが始まりといわれていますが、実際にはよくわかっていません。そもそもイソップ自身が実在した人物かどうか疑わしい、という説もあります。

しかし、この寓話集が、そんなに昔からあったことを、ぼくは数年前に初めて知りました。てっきり中世あたりのヨーロッパでつくられた、教訓的なおとぎ話だと思って、すっかり油断してしまっていたのです。

ソクラテスは、いつも多くの人に囲まれて、人生における大切なことについて議論することを求められた人でした。「愛とは何か」「道徳とは何か」、そんな会話がいつもソクラテスのまわりで交わされていたのです。しかし、彼の言葉には影響力がありすぎるせいで、青年を悪い方向に導くという罪で逮捕され、ついには死刑判決を受けて服毒死することになりました。

彼は、そんな理不尽な死刑判決に抵抗しなかったそうです。そして、自分で毒を飲む前に、わざわざ弟子たちに『イソップ物語』を持ってくるように頼みました。この本は、彼にとっての「カノン」だったのかもしれませんね。

ソクラテスのような頭のいい人が死の直前に望むのだから、もしかしたらすごいことが書かれているのかもしれない——と、どんな話だったか、大人になった今、改めて読みたくなってくるのではないでしょうか。

本への愛は時空を超えます。

絶対ポイント4

「事情通《オタク》」と仲よくなる

「本を読むのが大事なのはわかるけど……いきなり深いレベルの知識なんて身につけられません」

そんな声が聞こえてきそうです。では、どうすればよいか。

そういうことを知っている友だちをつくればいい。

友だちが語る知恵を借りるのです。

歯ごたえのある本を読もうとしても、右も左もわからない状態では、初めは難しいのが当然でしょう。それなら、いっそすでにたくさん本を読んでその道に精通している友だちをつくればいい——それがぼくの発想です。

以前、講演会でお話をした際に、ある若い女性から「わたしは文系で、理系のことがわかりません。でも、現代は理系の人びとの功績が多く、やはり求められているのは理系の思考だと感じます。どうしたらいいでしょう？」という質問を受けました。

そのときに「そうだ、あなたは文系で生きてきたのだし、今さら理系の本を読むのは大変だと言うのなら、理系の友だちか、ボーイフレンドをつくればいい！」とひらめいたのです。

「自分で勉強するのは大変だから、理系のオタクの友だちか、彼氏をつくる」

会場の人たちには笑われてしまいましたが、それは意外と真実です。


当然ながら、ぼくにも苦手なことはたくさんあります。

たとえば、フランス文学者である澁澤龍彦《しぶさわたつひこ》の作品は、昔から読まなくてはならないと思いながら、読むことができないでいます。

澁澤はマルキ・ド・サド（**『悪徳の栄え』**〈河出文庫〉などの作品があるフランスの小説家。暴力的な性的描写を多く含むことで知られる。それにより彼の名が「サディズム」の語源になった）の翻訳に打ち込むなど、退廃的な作風で知られています。自分にはつらそうだなあ、読みたくないなあ、と思ってきましたが、そういうぼくにも澁澤について熱く語る友だちがいれば、問題は解決です。

遺作となった**『高丘親王航海記』**（文春文庫）を始め、澁澤のオタクなら、どんなテーマなのか、どこが素晴らしいのか、どういう人に評価されているのか、読みどころはどこか……などをいくらでも語ってくれるでしょう。

「澁澤の作品は○○が素晴らしいんだ！」

あとは、あなたはこう答えていればいいわけです。

「へー、そうなんだ！　もっと教えて！」

これで、相手にもいい気持ちになってもらえますし、あなたも澁澤龍彦のことをひととおり知ったつもりになれます。それで興味を持てば、実際に自分でも読んでみればいいのです。

キーワードは「そうなんだ」

数学について知りたいと思ったら、数学に詳しい人に聞けば、自分で本を読まなくてもていい。外国語も手っ取り早く身につけたければ、その国の彼女や彼氏をつくればいいとよく聞きます。

それと同じで、ぼくにもそうやって知識を得ているものがずいぶんあるわけです。

「あの人があんなことを言っていた」

そういう形で頭の中に入っている知識は案外重要です。

別の場所でそれが話題になったとき、「ああ、あのことだな」と何となくついていくことができるし、Aさんが何かについて話していて、そのときは特別に興味を持っていなくても、BさんからもCさんからもその話が出たら、ひょっとしてこれは大事なことかな、と自分が興味を持ち始めることもあるでしょう。

そもそも**人間の脳が新しく興味を持つきっかけは、〝自分の信頼する人物が楽しそうに語る話〟であることが多い**のです。

たとえばぼくは、内田百閒（独特のユーモアある文章で知られる小説家、随筆家。夏目漱石の弟子でもある）の作品がとても好きです。でもこれは学生のころ、前述の友人、塩谷賢が内田百閒の作品を大好きで、うるさく語るのを聞いていたから。

だんだんと気になって読んでみたらおもしろくて、ぼくまでハマってしまいました。『**阿房列車**《あほう》』（ちくま文庫など。鉄道旅行記。鉄道じたいが大好きな百閒にとっては、観光することはどうでもよくて、鉄道に乗っていることが重要だった。終着駅についたのに一度も降車せずに引き返してくるなど、こだわりの行動が興味深い）などは、もう何十回とくり返し読んでいます。

ぼくが信じることと、世間が信じることのズレに直面して、心のバランスを崩しそうになっているときなどに読み返して、百閒の〝変人ぶり〟に癒やされる。百閒はぼくの人生には欠かせない作家になっています。

事前情報を聞いているうちに「カチッ」とはまって、読めるようになった好例です。

くり返しますが、キーワードは「そうなんだ」。

それ以上は何も言う必要はありません。ただ人の語ることを聞いていればいい。

それだけでいつのまにか、おぼろげに雰囲気がわかってくるはずです。ぼんやりと知っている、という領域を増やすことは意外と大切なことです。

そして、自分の知らないジャンルの本を愛好する友人は大切にしましょう。

4

「ネタバレ上等」と心得る

本についてはは自分ひとりの中で閉じる必要はありません。何度も強調しますが、本は「こんなのを読んだよ！」と話題にするためのアイテムです。「本について語ること」それが今の社会に欠けていることだと思います。

このあいだ、中年の男性が若い女の子に、「半沢直樹」シリーズ（代表作に『**オレたちバブル入行組**』〈文春文庫〉『**ロスジェネの逆襲**』〈ダイヤモンド社〉などがある）を書いた池井戸潤さんの小説を「全部読んだよ！」と自慢しているのを見かけました。

ぼくはいい光景だなあ、と思いました。

この男性のように、「こんな本を読んだ」「どうだった？」と本の話をしてみるといい。

そんなことをしたら、ネタバレしてしまっておもしろくなくなるじゃないか！　と思う方もいらっしゃるかもしれませんが、本に関してはそんなことはないのです。

本はネタバレOKです。

いい本は、いくらネタバレしていても、おもしろいものなのです。

とくにミステリー小説などは結末がわかってしまったら終わりだ、と思われるかもしれません。しかし**『オリエント急行の殺人』**（ハヤカワ文庫。イギリスの推理小説家アガサ・クリスティーの代表作の一つ）は、あえてここでネタバレさせると、列車に乗っていた関係者全員が犯人なのですが、その驚きの結末を知っていてもおもしろかった。

アガサ・クリスティーのもう一つの代表作**『アクロイド殺し』**（ハヤカワ文庫）も、犯人は物語を語っている本人だった！　という結末が有名です。しかし、みんなそれを知っていて、楽しんでいるのです。

結末がわかっていてもおもしろい本が、真に素晴らしい本なのではないでしょうか。

「ネタバレはNG」という風潮は、話すことから入ってくる知識を遮断することと同義で、世界を非常に狭めてしまいます。

そもそも「あれはどうだった？」「きみはどう思った？」「わたしはね……」という会話から、すべては始まるとぼくは思っているので、大いに「ネタバレOK」と心得ましょう。

名作はネタバレを超える！

絶対ポイント 5

「ネットの気軽さ」と「紙のプレミアム感」を使い分ける

インターネット上で気軽に情報を流せる時代になったからこそ、ネットにはノイズも多いですし、その中で信頼するに値する情報はどれなのか、判断することが難しくなっています。

その点、本に載っている情報は吟味《ぎんみ》されつくした「プレミアム情報」です。

たとえばスティーブ・ジョブズのことについて知りたいというときは、彼についての雑多な知識をネットで探すより、**『スティーブ・ジョブズ』**という伝記を一冊読んだほうが、正確でまとまった知識を得られます。**ネットでいろいろな情報が拡散している時代だからこそ、本のお得感は高まっている**のです。

たとえば、「一万時間の法則」というのをご存じでしょうか。

先の章で述べたマルコム・グラッドウェルの『**天才！　成功する人々の法則**』で紹介され、一躍有名になった法則です。

世界的な科学者になるのでも、プロゴルファーになるのでも、料理の達人になるのでも、どの分野でもその道の成功者になるには、一万時間かかるという法則です。

グラッドウェルはもともと定評のある書き手ですが、たとえば、「どんなに生まれつきの才能があっても、一万時間のトレーニングを超えずに評価される人になることはほとんどない」という法則性を示すのに、次のような根拠を提示しています。

「ザ・ビートルズがあんなによい曲をつくってヒーローになる前には、実は、ドイツのハンブルクのストリップ劇場で毎日八時間、週七回も舞台に立っていた。一九六四年に大ヒットする前までの段階で、彼らは千二百回ものライブをこなしていた」

「神童と呼ばれていたモーツァルトだって例外ではない、六歳で作曲を始めたことは有名だが、その作品がずば抜けて優れたものだったかと言えばそんなことはなく、現在でも傑作として愛されている作品、たとえば、『ピアノ協奏曲第九番変ホ長調「ジュノーム」K二七一』などは、モーツァルトが二十一歳のときの作品で、協奏曲をつくり始めてから十年が経過してからのものだ」……

このように、さまざまな文献を入念に調べた上で実例を挙げ、「なぜ、そういうことが言えるのか」をていねいに説明していく。

ネット上で匿名の人が「誰でも一万時間練習すれば、上達するらしいよ」と気楽に知識を披露したものとは、まったく違った説得力が備わっているのです。

前にも述べたとおり、一冊の本には何人ものチェックが入っているわけですから、多くのネット上のメディアに比べると信頼性が圧倒的に高い。一方で、その一冊だけが正しいわけではなくて、同じように情報を圧縮してつくられた正反対の意見の本がある。濃密で信頼性の高い文章に複数接していけば、自分の中にも確かな目がつくられていくはずです。

手軽さではネットの情報に負けるけれど、信頼性という意味では、はっきりと紙の本に軍配が上がります。手軽に情報を集める技術としても、まず紙の本で調べるようにしてみましょう。

なぜ、これほど「書店に行くこと」が重要なのか

今は、アマゾンなどインターネットの書店で本を買う人は多いでしょう。

自分でもともと狙いをつけていた本を買うにはネット書店はとても便利ですが、一方で、知らない本に出会うことは意外と難しい場合があります。

書店や図書館に行ってみると、バ～ッと一気に本の海を俯瞰できて、自分を呼んでいるような本にフッと行き当たるようなことも多いものです。

本が一覧できることで、今の自分に何が足りていないのか、今欲しいものはどういうジャンルの本なのか、〝体〟が求めているものが見つけられる。

前述した『**赤毛のアン**』との出会いもそうでした。図書館でずらっと並ぶ本の中で、『赤毛のアン』だけ背表紙が光っている感じがしたのです。

もちろんネット書店などでも、「この本を読んでいる人は、他にこんな本も読んでいます」と知らない本をおすすめしてくれますが、予想の範囲を出ないところがあります。

街の本屋さんや図書館だったら、ただ歩いているだけで、自分のまったく知らないジャンルに出会えます。書店が推《お》している本もすぐわかるように置いてあるし、店によって置かれている本も違うから、センスの合う店に行けば、自分は知らなかったけれど、心のどこかで求めていたような本には、出会いやすい。

人気の本もランキング順に陳列されているし、その他にも、「古典フェア」や「料理本ベスト・ロングセラー」、「宇宙がよくわかる本特集」など、テーマ別の棚も展開されているから、意識しなくてもトレンドをつかむことができる。

全体を楽に見渡せることによって起こる意外な出会いが、ぼくにとっては、自分の範囲を一気に大きく広げる役割をしてくれた気がします。

背表紙が光っている本を見つけに、街の本屋さんに行こう!

電子書籍はどう使う?

ぼくは、電子書籍も紙の本も読みますが、紙の本の明らかに優れたところは、本屋さんとインターネット書店との違いと同様、「全体を見渡しやすい」というところでしょう。

紙の本は、一冊全体をパラパラと見通すことができるし、紙の厚さを通して、いつでも一冊全体のボリュームを手で感じることができます。

キーワードを入れて検索するのは、電子書籍の本が圧倒的に速いのですが、あのあたりに書いてあったのは何だったかな、という漠然とした検索は、紙の本のほうがしやすい。

電子書籍は目的がはっきりしている場合は使いやすく、紙の本は広く見渡したいときに便利。どうも役割の違いがあるようです。

電子書籍と紙の本では、読んだ後に本に書かれていた事実を覚えている、ということではあまり違いはないけれど、出来事の出てくる順番や時系列は、電子書籍で読むほうが混乱しやすい、という研究報告もあります。

紙の持っている「見渡しやすさ」が、全体の中で出来事をとらえるということに効果的に作用するのかもしれません。

ぼくが電子書籍を初めて体験したのは一九九五年、イギリスに留学していたときのこと。外国では日本語の本を手に入れるのが難しくて、ものすごく日本語の活字に飢えていました。

そんなとき『新潮文庫の百冊』というCD-ROMが出たのです。新潮文庫の中でもとりわけ人気の本が百冊セレクトされて入っている電子書籍でした。

紙の本では自由に寝転がって読むことも、カレーをかき混ぜながら読むこともできるのに、コンピュータにしがみついて読まなければならない電子書籍は不自由だなあと思いましたが、それでもとてもうれしかった。吉村昭の**『戦艦武蔵』**などを、むさぼるように読んだのを覚えています。

電子書籍と紙の本では、読むのに適した場所も違うし、手軽さも違うし、触り心地も違う。

同じ本を、電子書籍で読むのと紙の本で読むのとでは、情報を得ているという意味では同じでも、体験としては違うものになるのでしょう。

たとえば、映画をスマートフォンで見るのと、映画館で見るのとでは体験の質が違います。だから、どこでも映画を見られるようになっても、映画館で見るのを楽しみにしている人たちはいなくならない。

音楽も同じで、ユーチューブでいつでも聴けるけれど、ライブで聴きたいという人はいなくならない。

ぼくも、ユーチューブのヘビーユーザーですが、以前『題名のない音楽会』というテレビ番組の収録で、目の前で佐渡《さど》裕《ゆたか》さんが指揮するモーツァルトのピアノ・コンチェルトを聴いたら、およそ体験の質が違いました。

その曲をユーチューブで聴くのと、佐渡さんの指揮でニュウニュウさんというピアニストが演奏するのを目の前で聴くのとでは、十年後、二十年後の、自分の脳の中での残り方も全然違ってくると思うのです。

あのとき誰とどんな道を通って会場に行ったかとか、まわりの人の様子なども含めて、体験というのはつくられていくのです。**本も内容だけで記憶が形成されるものではない**でしょう。みなさんには読書にまつわるさまざまな体験を、大切にしてほしいと思います。

本を大切にするということはつまり、人生の体験を愛おしむことにつながるのです。

絶対ポイント 6

「いい文章」「悪い文章」を知る

文章の好き・嫌いをつかんでいくのも大切なことですが、それには個人差があります。その一方で、「誰もが認める美文」「人に伝わる名文」というのもあって、それはどういう表現なのかわかるようになるのは大切なことです。

たとえば、夏目漱石は日本の偉大な文豪だと言われていますが、「そうなの？　どこが？」ではなくて、素直に「確かにそうだよね」と思えるでしょうか。

一度、漱石の小説を読んでみて（過去に読んだことのある方はもう一度読み返してみて）、なぜ高い評価を受けるのか考えてみてください。

小説だと難しくても、たとえば、歌詞だったらいかがでしょう。

井上陽水さんの楽曲の歌詞は圧倒的にいいし、ユーミンこと松任谷由実さんの歌詞や、中島みゆきさんの歌詞も、明らかにその他大勢のものとは違う（くり返しになりますが、これは「好き・嫌い」というお話ではありません。客観的に見て、優れた歌詞かどうかということです)。

そういう違いがわかる人は比較的多いのではないでしょうか。

本でもそれと同じように、「自分の好みはさておき、この人の文章は、なぜ多くの人に評価されているのか」その理由が俯瞰的にわかるようになったとき、真の〝読書通〟の目が備わったと言えるようになるのであって、そのとき自分の言葉も人を動かす説得力を持ってくるのです。

コピペは脳を劣化させるという事実

最近は、インターネット上で文章を読んだり書いたりする人が多いでしょう。しかし、ネットの注意点は「負荷が少ないこと」にあります。

ネットは、簡単にコピペ(コピー&ペーストの略。切り貼りのこと)をできるしくみになっているので、どこかで拾った情報をつなぎ合わせて文章をつくったり、他人のアイデアをさも自分の発言であるかのように発信したりすることが日常的になっています。それは、「ズルをしてテストで百点を取る」ことと同じなのかもしれません。そのときは親に褒《ほ》められたり、資格試験に合格したり、それなりにいいこともあるかもしれませんが、自分自身の脳が本当に喜ぶかというとそうではない。

SNSでコピペをしてたくさんの知識を発表することで、「いいね！」の数やフォロワー数が一時的には増えるかもしれない。

しかし、自分自身に関して言えば、脳に「負荷」がかかっていないぶん何の喜びも得られないし、成長もできない。やはり、うしろめたさが蓄積するだけなのです。

解剖学者の養老孟司さんにまつわるお話で、とても印象的なことがあります。

ぼくが、ある自然科学系雑誌の特集号の編集をすることになったときのこと。記事の執筆を、養老さんにお願いすることになりました。

でも、養老さんはお忙しいだろうから、原稿の書き下ろしを頼むより、ぼくが話を聞いて文章にしたほうがいいかなと考えて提案したら、

「それは、自分で書いたほうがうれしいでしょう」

と、養老さんはおっしゃいました。

文章を自分で書くということは、自分が試されることではありますが、確かに「そうだ、うれしいことだった！」とぼくはドキリとしてしまいました。

効率的にまとめることばかりを優先すると、「うれしい」ということをついつい忘れてしまいます。

文字を自分の脳の中から絞り出すという行為は、負荷がかかってヘトヘトになるし、効率も悪いかもしれないけれど、だからこそやり遂げたときに脳は本当に喜び、成長するのです。

四二・一九五キロのフルマラソンを、途中の一〇キロくらいで車に乗ってズルをして、完走できたらうれしいのかと言うと、やはり最初から最後まで自分で走るから楽しいのでしょう。それで鍛えられて初めて体に何かが残り、次につながるわけです。

言葉にはこんな「経済価値」がある

何か人に頼もうとしたり、何か人にメッセージを伝えようとしたりするときに、文章力

があるということは、強力な武器になります。

ぼく自身、「今すぐ返事をしなくちゃ！」と体が動いてしまうような、説得力にあふれた仕事の依頼メールをいただくことがあります。ツイッターでも、たった百四十文字足らずの文章にハッとさせられ、まったく知らない人でも即時フォローすることがある。

たった一つのことをどう言うかで、相手の心を大きく動かすことができる。

文章の持つ力をないがしろにする人は、実はとても損をしているのです。

ツイッターと言えば、興味深い話があります。

アメリカのある会社で公式アカウントのつぶやきを担当していた人が、会社を辞めることになって、裁判が起こりました。

このアカウントのフォロワー数は一万七千人。会社公式のアカウントだとはいえ、この人数は、その人が四年もの時間と労力をかけて、コツコツと自分の言葉で集めてきたものです。

だから、その人は会社を辞めたあとも、そのアカウントを使って発言がしたかった。けれども、会社の立場としては、その人が会社を辞めたあとまで、そのアカウントで発言を続けられたら困ります。それで裁判になったのです。

その一万七千人のフォロワーは、その男性のものなのか、会社のものなのか――ここが争点になりました。

結局、辞めたあとの八カ月間、会社のアカウントを使って発言を続けたその人は、会社に一フォロワーあたり一カ月二・五ドルとして、総額三四万ドル（約三千四百万円）の損害賠償を請求されてしまいました。

一フォロワーあたり一カ月二・五ドル。ツイッターをされている方は、自分のフォロワー数で計算してみてください。高いと思うか安いと思うか、いかがでしょう。

実際にお金に換えるかどうかはともかく、この例から言えるのは、確実に**「言葉には経済価値がある」**ということです。

いい文章は、ありとあらゆるスキルと比べても、圧倒的なお金を生む力がある。たかが文章、とあなどらないでほしいのです。

絶対ポイント 7

〝速読〟を使いこなす

見出しをご覧になって、「今まで言っていたことと矛盾するじゃないか」と思われるかもしれません。ぼくが本書で一貫して言いたいのは、教養には、熟読して身につけていくものもあるけれど、雰囲気として知っているものもあっていい、ということなのです。できそうなことは自分でがんばって力にしていくべきだけど、どうしても自分ではできないことがある。そこのところは、友だちから聞くとか、読んだことにしておくという方法があると述べました。

そして最後にもう一つ加えたいのが、速読して全体の雰囲気をつかむということなのです。

速読している人は、そのスピードで、本に書かれたすべてを理解できているのでしょうか。研究によると、速読ではさすがに理解度は落ちるのです。速く読めば、どんな達人でも理解度は落ちる。

逆に言えば、本の一字一句を理解しなくてはならない、というのは間違いで、**速く読んで、五〇パーセントくらいわかれば十分**なのです。学者でもそうしている。

赤ちゃんが言葉を学んでいくとき、まわりの大人が話す言葉をすべて理解しているわけではありませんね。そんな意味不明の大人の言葉を聞く中でも、赤ちゃんの言葉の学習はちゃんと進んでいくのです。それと同じように、最初から全部をわかろうとするのではなく、それぞれの人の言葉を音楽として流し聞いて、つかんでいくべきものがあるのです。

こんなときはサッと飛ばして、いさぎよく次に行く

誰にでも、この本は話題になっているし読んでおいたほうがいいな、と思って買ったけど、読めなかった本があるのではないでしょうか。

そういった「飽きちゃう本」は、速く読みましょう。それも五分か十分でOKです。

本との相性というのは必ずあります。だから、全部じっくり読まなくても大丈夫。

ぼくも、漱石の本などはゆっくりまじめに読みますが、それほど相性が合わない本は「もくじ」を見て、それから気になったところを中心に全体をパッパッと流し読みするようにしています。茂木流・速読のポイントは次のとおりです。

1「もくじ」を見て全体を俯瞰する
2「これはちょっとおもしろそう」という見出しがあれば、その項目は重点的に読む
3 全体をパラパラめくって、「だいたいこんなことが書かれている」というポイントを把握する

すべての本を一ページ目から順番に最終まで読み通さねばならないとしたら、それこそつらいと思います。日本人は子どものころ、学校で「最初から最後まで一字一句大切に（場合によっては声に出して）読むのが正しい」と教えられたせいで、すっかり「優等生な読書法」が染みついてしまっているかもしれませんが、そもそも、熟読した本だって、読み返すたびに気がつくことが変わっていくわけです。しっかり読んだって、すべてが理解できるわけではない。

言葉には意味だけではなく、言葉の並ぶリズムがあり、音楽がある。つねにその根底にある旋律に気づくほうがよほど大事なのです。

実は、この**1〜3**のように要領よくポイントだけ拾って読むテクニックには公式な名前（?）もついていて、**「スキミング」**と呼ばれています。本屋さんで立ち読みするときには誰もが行なっているのではないでしょうか。

これは本に対する冒涜でも何でもなくて、むしろ学習の正しい始め方なのだと思います。日本語はとくに表意文字なので、パッと見てビジュアルで意味がわかるようになっており、スキミングしやすい言語です。

英語は意外と論理を追っていかないと読みにくい言葉なので、ネイティブ話者でもおそらく、スキミングはそう簡単にできないのではないでしょうか。

そういう意味では、日本に生まれた私たちはラッキーなのかもしれません。たとえスキミングでも、読んだほうが読まないよりはるかにいいのですから。

4のまとめ

- 頭のいい人ほど、ジャンルを無視して「乱読」している。
- 1日たった10ページ！
心理的な「ハードル」を下げて、読書を習慣にする。
- 人生で本当に大切な1冊「カノン」が見つかればいい。
- 「どれを読めばいいかわからない」
——そんなときはオタクの友人から情報収集。
- 脳を鍛えるには、「文章を書く」のも効果的。
- 気が乗らない本はサッと読み飛ばして、
いさぎよく次の本に行く。

[5]

「一生使える財産」としての厳選10冊

「知の宝庫」から、
本当に必要なものを盗め！

複雑な時代に立ち向かう――その〝姿勢〟

「何がいい本か」という基準は、人によって違うこともあるでしょう。「情報がたくさんある本がいい」と言う人もいるし、「ノウハウをたくさん知りたい」と思う人もいるし、「エンターテインメントとしてとにかく楽しめる本がいい」人もいる。

この最終章で選んだ十冊は、「人生に向き合う態度」が優れていることが基準になっています。

数々のロックンローラーたちが、いみじくも「ロックとは、特定の音楽のスタイルや、使う楽器の種類を言うのではなくて、態度（attitude）のことなのだ！」と言ってきたように、科学でも、文学でも、ビジネスでも、人間関係でも、ぼくたちに問われるのは、どんなことをどんなふうに守り、反抗し、尊ぶかという「態度」なのだと思っています。

事実、これらの本はぼくの人生に対する態度をつくる上で、非常に大きな意味を持ってきました。どう人生や仕事、友人に向き合うか……一緒に考えていただければ幸いです。

5

「国家」と「自分」を理解する
——自由を考える一冊

『選択の自由』

M&R・フリードマン／西山千明〈訳〉（日本経済新聞出版社）

これはぼくが二十歳のころに出会った本。

まず味わっていただきたいのは、「自由」ということに対する著者の態度です。

この本は、国家による資格制度はすべて廃止すべきである、と主張します。いちばん極端な例を挙げれば、医者や弁護士でさえ国家資格はいらない、と言うのです。

資格がいらないなら、誰でも「明日からわたしは医者になります」と宣言したらなれてしまう。そんなことではこの世は成り立たないよ、とみなさんは思うかもしれません。

でも、大丈夫、とフリードマンは言います。

いい加減な医者のところには誰も来なくなるだろうし、「国」が設けたルールに従わなくても、「市場」に任せておくだけで、自然に淘汰されるはずなのだ、と。

本人が「なります」と言っても、相手のほうが「コイツは信用できるかな？」と考えて、医者として安全かどうかの根拠を調べるようになる。

現在は「医学部を卒業して医師国家試験に合格する」ということが医者になる条件になっていますが、だからといって本当に安心なわけではないし、それが立派な医者になるためのベストの方法ではないのかもしれません。国が与えた基準というのは、あくまでも一つの枠組みに過ぎないのだ、というのがフリードマンの考え方なのです。

彼はドラッグでさえ、すべて合法化すべきだ、と国や公的機関による規制にことごとく反対。**「物事の善悪は、国などに決められることではない！」**というわけです。

禁止されるべきもの、なくすべきものが出てきたときには、自然に市場が淘汰していくだろう、むしろ**人は自由にさせたほうが、結果として努力して最善のものを生み出す**のであって、政府による規制やルールはそれを邪魔するものでしかない、という考え方です。

この本は一九八〇年に出版され、アメリカで大ベストセラーになりました。

フリードマンの考え方は、アメリカの開拓者精神や、現在のアップルやグーグル、フェ

5

イスブックなどの新興IT企業が持っている、**「国や政府の力を借りずとも、市場は自分たちで切り拓《ひら》く！」という独立独歩のベンチャー精神**にもつながっています。

ただ、日本人のぼくたちにはいまだに新鮮に響きます。日本人はどちらかと言うと権威を重んじ、政府や企業のシステム、高等教育機関など「大きなもの」の力を絶対的と見なしがちだからです。

以前、科学者の小保方《おぼかた》晴子氏がSTAP細胞の問題で博士号を取り消しにされるという事件があったとき、日本人の多くは「早稲田大学が博士号の審査を整備しないと、博士号が信用されなくなる。だから、きちんと基準を定めるべきだ」という反応をしていました。

ぼくの立場は少し違って、「〝博士号〟があるからといっていい仕事ができるわけではないし、そういう唯一の基準があると思ってしまう自分たちのほうが問題だ」と思うのです。

もちろんフリードマンは、どういう基準を満たすと学士号や博士号をもらえるかということを国や大学などの公的機関が決定していることにも反対しているわけで、ぼく自身、いまだにこの本によって受けた大きな影響を感じています。

賛否は分かれると思いますが、社会のあり方と向き合う一つのきっかけになる本だと思います。

「暗黒面」こそが人を輝かせる
——「人間の土台」をつくる一冊

『悲劇の誕生』
ニーチェ／秋山英夫〔訳〕（岩波文庫）

本書は、一八四四年に生まれて二十四歳にして大学教授になるほどずば抜けた頭脳を持ち、将来を嘱望《しょくぼう》されたニーチェが、二十八歳のときに書いた最初の作品にして、学会から追放されることを決定づけた問題作です。

大学の教授たちから「長い教授生活の中で彼ほど優れた人を見たことがない」と驚嘆されるほどの才能の持ち主だったから若くして大学教授になれたのに、なぜ学会から追放されることになったのか。

それは、ひと言で言えば「自分の思想を語ってしまったから」です。

学問の場において、多くの人がやっているのは、それまでに出た文献をさまざま引用して論文を書くこと。たとえば、Aということを証明するために「Bさんはこう言っている。また、これはCさんが言ったことに対応する。だから、やっぱりAは正しいでしょ」という結論を導き出す。要するに学会は「自分の考えを書いてはいけない場所」なのです。

ニーチェは『**悲劇の誕生**』に自分の考えを書きました。この瞬間にニーチェは、学者ではなくなった。この本を書いたことで、ニーチェの大学の授業には、学生が一人も来なくなってしまったそうです。彼はこのときから、真の〝思想家〟になったのでしょう。

自分の思想を語ってどうしていけないのか。学問とはいったい何なのか。ぼくは、どういうふうに生きるべきかと言えば、学会よりもニーチェのほうが正しい、と直覚したのです。

ぼくがこの本を読んだのは、音楽評論家の吉田秀和さんが『朝日新聞』で「わたしの生涯の一冊はこれだ」と書いているのを読んだからです。高校一年生のときだったと思いますが、「頭がいいって、こういうことなのだ」ということを教えてくれました。

『悲劇の誕生』の中でもっとも有名なのは、理性的で、明晰、明朗な「アポロ的」性質と、混沌として、衝動的、動物的で、暗い「ディオニュソス的」性質という、二つの性質がせめぎ合って、古代ギリシャの文化がつくられていた、という考え方です。

古代ギリシャのことを語っているとはいえ、ニーチェの出したこの「アポロ的」「ディオニュソス的」という概念は、人間全体に当てはまる概念です。

人間誰しも「アポロ的」な部分と「ディオニュソス的」な部分とを持ち合わせているはずです。それなのに、「アポロ的」なものだけを、知らずしらずのうちに理想として、こうでなければならないと思い込んでしまっている。でも、ニーチェは、文化であれ個人であれ、二つの性質のせめぎ合いでつくられていくものなのだ、と考えました。


簡単に言えば、「アポロ的」というのは優等生のことです。でも、本当のところ、何かを成し遂げるということは、アポロ的なものだけではなくて、「ディオニュソス的」なものとの葛藤において形成されていくものではないか。

たとえば、アップルのスティーブ・ジョブズは、人間関係がメチャクチャだったり、人から聞いたアイデアを、さも自分が考えたアイデアのように話してしまったりする「ディオニュソス的」なところがあった。でも、そういう部分がないと、人間は「アポロ的」な側面も活かせない。

5

ぼくは先の章までで、「あやうさが大事だ」ということをさんざん述べてきましたが、それは『悲劇の誕生』で学び取ったことのように思います。

人の明るさ、すぐに目につく長所、手のかからないかしこさは、実は面倒な暗黒面とのせめぎ合いでできたもの。人の抱える面倒な暗黒面がもたらす役割を本書が教えてくれたおかげで、ぼくは人の暗黒面とも楽しくつき合えるようになったのです。

ニーチェの提案した概念によって、人間を見るときに役に立つ「型」のようなものを自分の中に持つことができました。

ぼくは、そういう型がない人よりも、一倍豊かに世界を見ていると自負しています。「社会にはちゃんと適応しよう」「学会はえらい」などという一元的な見方が幅を利かせている世の中でこういう本に出会うと、自分の中に抱え込んできた無理が解消されるような気がします。

とくに、まわりと意見が合わないな、と孤独を感じるときに、この本を読むのをおすすめします。**まわりの誰かとは合わなくても、ニーチェのように本当のことを言ってくれている人が、本の中には見つかる**のです。

明るいノーベル賞科学者——「理系思考」がわかる一冊

『ご冗談でしょう、ファインマンさん』(上)(下)
R・P・ファインマン/大貫昌子〈訳〉(岩波現代文庫)

この本は、ノーベル物理学賞を受賞したリチャード・ファインマンという物理学者の自伝です。

この本を文系の人が読むと、「理系の人はこんなにハチャメチャなことを考えているのか!」と驚くと思います。「自分たちが考えていた理系とは違うなあ」と、ポジティブな意味で裏切られる思いがするでしょう。

一方、理系の人が読むと、「そうだ、おれたちこうでなくちゃいけなかった!」「ここまで振り切れないとダメだよね!」と再確認できます。理系の人たちにとっては、**「こう生きるべき」という教科書のような本**なのです。

ファインマンは、二十世紀の物理学者の中では、アインシュタインとは別の意味での天才と言われてきました。先の章まででぼくが紹介したのは、それこそ「ディオニュソス的」要素が目立つ天才たちでしたが、ファインマンは例外的に明るい天才で、ポジティブに生きることに力を尽くした、特異な存在でありました。

彼は優秀な物理学者であったため、第二次世界大戦中にはロスアラモス国立研究所で原子爆弾をつくる「マンハッタン計画」に携わっていました。しかし、そういう深刻な計画の最中にもかかわらず、施設や制度に問題を見つけては、渾身のいたずらを仕掛けるのです。

厳重に管理されるべき、ロスアラモス研究所の塀の一カ所に穴が開いていることに気づいたとき、彼は毎回その穴から敷地内に入って、出るときは正門から出ていくことにしました。それをくり返すことによって、門番に「あれ？　あいつは一度も入ってこないのに、何度も出ていっている！」と気づかせて、施設の欠陥を知らせたのです。

「塀のあそこに穴が開いているよ」と直接的に指摘するのではなく、なぜかいつも頭をひねり、間接的にいたずらを仕掛けて、相手にみずから気づかせるのです。

それがファインマンの、明るさを保つ秘訣《ひけつ》でした。

オモシロ話はまだまだあります。

ファインマンは、いつもバーで女の子にごちそうしては、仲よくなる前に振られてしまう。そのことを酒場で出会った男に嘆いたら、「女の子におごるからいけない。おごらなければ、絶対女の子はついてくる」と予想に反することを言われます。

ファインマンはびっくりして、それが本当かどうか試します。本当は紳士ぶりたいところをぐっと我慢して、女の子からおごってほしそうにされても、「自分で買えばいいさ」とそっけなくする。

しかし、女の子と二人で酒場を出るところまでいったら、ついつい油断して、目の前にあったカフェでサンドイッチをごちそうしてしまった。すると急に彼女は、予定があるからと去ろうとします。

ファインマンは「しまった、教えを破ってしまったからだ！」とあわてて、せめておごった分を取り返そうと「こんなサンドイッチを買わせやがって！」と怒って、女の子からお金を返してもらいます。

5

もちろん気まずくなった女の子とはそこで別れることになって、すごすごと酒場に帰って例の男に報告すると、「大丈夫です。結局何も買ってやらなかったのだから、今夜はきっと彼女はきみと過ごすことになる」と言う。

すると、驚くべきことに、彼女が戻ってきて実際そのとおりになるのです。

結局、あまりにもこの「ナンパ術」がうまくいきすぎるので怖くなって、二度とこの手を使うことはやめたそうです。

世の中をおもしろくしようと、バカバカしいほど工夫して、ダンスをするように軽やかに生きていく姿勢、そして理論は必ず自分の体で挑戦していくお手本が、本当にイキイキと描かれている——これぞ素敵な理系男子の見本でしょう。

少し理屈っぽいけれど、ものすごく深く物事を考えている、その上でとにかく前向きな天才物理学者の脳を盗み見られる本。大貫さんの翻訳もとてもいい。

日本語で読んでおもしろかった人は、英語でもチャレンジすることをおすすめします。

あまりにもおもしろいので、初めて洋書に挑戦してみたい人にとっても、最後まで英語で読み通せる本になるかもしれません。

「本当のやさしさ」とは何か――「心の美」を見つける一冊

『硝子戸の中』

夏目漱石（新潮文庫）

これまでさんざん夏目漱石の話をしてきたのですが、ぼくはあえてここで、この本をおすすめしたい。

本作は、漱石が自分の人生を振り返ったエッセイ集です。小説を書くときには、彼は自分自身のことは隠して作品を展開させるのですが、『**硝子戸の中**』では、漱石本人がどういう人だったかというのがよく表れています。

「心が美しい」というのは、どういうことかを知りたいときは、この本を読むべきでしょう。

5

たとえば、見ず知らずの若い女性が漱石のところに相談のため訪ねてくるエピソードがあります。彼女は自分の人生の物語を漱石に話します。その内容じたいは書かれていませんが、とにかく大変つらい経験がその女性にはありました。

それで彼女は「こんな思いをしていても、生きていたほうがいいのだろうか」と漱石に問います。

漱石はただ耳を傾けるしかなく、自分がどうすることもできないことをひしひしと感じながら黙し、真剣勝負の息苦しい時間を過ごします。

やがて夜も更けたので漱石が送っていくことになり、最初は先生に送っていただくのはもったいないと断っていた彼女も、漱石が一緒に家を出るので「先生に送っていただくのは光栄でございます」と言う。そこで漱石が返すのです。

「本当に光栄と思いますか」

「思います」

「そんなら死なずに生きていらっしゃい」

光栄だと心から思うことがあるなら、確かに生きる意味があるということです。人生の中の何かに感謝しているということなのだから、本当にそう思うなら生きていなさい、と。

突然に訪ねてきた女性にも、いい加減な一般論としてではなく、真摯に考えて答えたひと言です。「真心の人」というのがぴったりでしょう。

私心を離れ、謀《はかりごと》なしに、生きる上でのさまざまな喜びや悲しみを、素直にみずからのものとして受け止める——ぼく自身、こういう心の美しい人でありたいと思うし、これは日本人の伝統的な感じ方、考え方でもあると思います。

英語圏のエッセイでは絶対にこの味は出せません。英語の書き物というのは、どちらかというと批評的、分析的思考が得意で、そこはとても参考にしたいところですが、日本人には、**日本人独特の考え方や感じ方があって、その機微を知るのには最高のエッセイ**だと思います。

そして、片や『**吾輩は猫である**』に見られるように、自分を猫に仕立てて物事を客観視する厳しい批評眼を持った漱石が、これほどまでに純粋でみずみずしく、しなやかなエッセイを書いている。そのハイブリッドを実現させていることにも、驚きを隠せません。

いったい漱石には、どのような苦労があったのでしょうか。それを想像してみるだけでも意味のある作品です。

5

人間が神を見るとき ——「宇宙と地球」を知る一冊

『宇宙からの帰還』
立花隆（中公文庫）

この本の中で著者の立花隆さんは、アメリカ航空宇宙局（ＮＡＳＡ）による月への有人宇宙飛行計画（アポロ計画）の宇宙飛行士たちに会いに行って、彼らが宇宙でどんなことを感じたかということを聴き取っています。

もちろん宇宙飛行士たちは、帰ってきたあとにＮＡＳＡで何日にもわたる徹底的な聞き取り調査をされているのですが、それはより技術的なことが中心で、彼らの内面的な経験には無関心だったようです。

彼ら自身も、もともと軍のパイロットや技術者で、自分の内面にそれほど注意を払う人たちではなく、立花さんにインタビューされて初めて、自分自身の精神的な変化について語ることになったのです。英語圏の本を探しても類を見ない書で、ノンフィクションの最高峰と言えます。

月面着陸した宇宙飛行士たちは、人類の中でもっとも遠い場所から普段自分たちの暮らしている場所を眺めた人たち。ここで明らかになるいちばん驚くべきことは、彼らの誰もが以前と比べてガラリと変わってしまった、ということです。

たとえば、ある宇宙飛行士はこんな証言をしています。


地球の美しさは、そこに、そこだけに生命があることからくるのだろう。自分がここに生きている。はるかかなたに地球がポツンと生きている。他にはどこにも生命がない。自分の生命と地球の生命が細い一本の糸でつながれていて、それはいつ切れてしまうかしれない。どちらも弱い弱い存在だ。かくも無力で弱い存在が宇宙の中で生きているということ。これこそ神の恩寵だということが何の説明もなしに実感できるのだ。（中略）神がそこにいますということが如実にわかるのだ。

5

宇宙飛行士というのは、もともと合理的に物事を考える人たちです。非合理に物を考えていると、厳密さが要求されるミッションはこなせない。信仰に厚い人たちばかりでもないのに、彼らのほとんどが宇宙に行くと、このように神をありありと見てしまうのです。

神の存在や神秘体験など、怪しげなミステリーとしてこの経験を読むというよりは、**普段自分がいる場所を可能なかぎり離れてみたときに、実際にぼくたちはどう感じ、どのように変わってしまうのだろうか**、ということを考えたい本です。

たとえば現在、地球環境が悪くなってきたために、月面や宇宙空間、それこそ火星などに人類のコロニーをつくったらどうか、という話が持ち上がっています。

しかし、宇宙飛行士たちの言うことに耳を傾けると、地球は奇跡的と言っていいほどに生命の生存に適した星なのであり、条件の悪い火星に行く前に、もっと地球を大事にしたほうがいいという気がしてくる。

そして、宇宙から見ると、地球はとても頼りない一つの生命体なのです。

地球全部で一つの個体なのであって、「国境」などという概念がまったく意味のないことを、身をもって体験した人たちが宇宙飛行士です。立花さんの取材のおかげで、その貴重な経験を共有できることが、われわれの喜びではないでしょうか。

「今ここ」を懸命に生きる
――「救い」を見出す一冊

『イワン・デニーソヴィチの一日』
ソルジェニーツィン／木村浩〔訳〕（新潮文庫）

この小説であつかわれているのは、旧ソ連の強制収容所に収容されている人物の、ある一日のこと。

ちょっとしたことで生死が決まってしまう毎日ではありますが、特別に嫌なことがあった一日、劇的な一日を描いたわけではなくて、理不尽で凍えるように寒い収容所《ラーゲル》の、いつもどおりの一日です。

こう聞くとみなさんは、収容所の理不尽さ、不当さを訴える社会派の本だと想像されるかもしれませんが、実は正反対の内容です。

少しでも具の多い野菜スープをどう手に入れるか、作業のしやすい道具を、どうやって他の人間に取られないように隠すか、タバコを手に入れるために誰の代わりに何をしてあげるか――「今ここ」だけを見て工夫し、その日を生き抜き、最後に「ああ、今日もいい一日になった」という様子がひたすら刻々と描き出されています。

主人公が、今この瞬間にどう動いたら有利に事が運ぶかと、決死の賭けをどんどんくり出す。ちょっとでも失敗すれば、入る者を地獄のような寒さで死にいたらしめる監獄《プール》送り――読む側はハラハラドキドキしてしまいます。

「今ここ」だけで成立している本であるというのは、今味わっている感覚の描写が優れた本だということ。 臨場感あふれる極上のエンターテインメント小説です。

たとえば、スカスカの野菜汁だとはいえ、具が沈んでいる鍋の底から盛られた一杯と、鍋の上のほうから盛られた一杯があると言われれば、具の多いほうがちゃんと手に入るかとヒヤヒヤします。

また、次のようなソーセージの描写では、自分の口いっぱいに味が広がるようです。

「一切れのソーセージを口の中へほうりこむ！　歯でかみしめる！　歯で！　ああ、肉のかおり！　ほんものの、肉の汁！　それが今、腹の中へ、入っていく。それで、ソーセージはおわり。」

マイナス四十度にもなる土地の、暖房もない場所での作業、圧倒的に栄養の足りないクズ同様の食事。その中で、今日は何とか病気にもならずに、なかなか楽しく作業ができて、うまく昼の粥《かゆ》もごまかせ、また明日が来ると、十分ほくほくして眠りに就《つ》く主人公。

彼の感覚を追体験できると、「自分には安定したものは何もない。この先どうなるのだろうか？」と、ずっと先の未来を思って不安になっている現代のわれわれは、救われるのではないでしょうか。

これは**最高の言語表現による、鮮やかで素晴らしい「幸福論」**だと思います。

5

〝人の痛みがわかる人〟とは——闇と対峙する一冊

『獄中記』

ワイルド／福田恒存《つねあり》〈訳〉（新潮文庫）

裕福な家に生まれたオスカー・ワイルドは、学生のころから聡明で才能にあふれ、派手で耽美な生活をしていました。**『幸福な王子』**（新潮文庫）などを著《あらわ》し、若手の作家として活動していくうちに、本物の天才と世間から認められるようになって、イギリス社交界の寵児《ちょうじ》と言われる存在にまで昇りつめたのです。

その彼が一八九五年、同性愛の罪で投獄されてしまいます（当時のイギリスでは、悲しいことに、それは不名誉な犯罪でした）。

栄華を極めた人生から、もっとも蔑まれ踏みにじられる人生に一転した、その獄中から、恋人に当てて書いた手紙が**『獄中記』**です。

ワイルドは図らずも、およそこの世界に存在するあらゆる輝かしい側面と、暗黒の側面の両方を味わうこととなり、やがてイエス・キリストの本質に目覚めるのです。

『**イザヤ書**』（旧約聖書の予言書の一つ）がキリストについて、「彼は軽蔑され、拒絶されるだろう」と予言したとおり、この世のもっとも尊敬される救世主は、もっとも軽蔑される存在であったこと——ここにキリスト教の深い叡智があることを理解するのです。


われわれは無意識のうちに、「世の中にはきらびやかな世界と、そうでない世界とがあって、わたしも輝いているほうへ行きたいなあ」などと思っています。

でも実際に**華やかな世界に生きている人は、それを得るための代償とも言える苦しみが存在する**ということを知っています。

それに、きらびやかな世界には本当に才能がある人もいれば、実はそうではない人もいる。また、とても才気にあふれているのに、派手な世界にまったく興味がない人もいる。

華やかな成功だけを見ていると、実質を見失ってしまうのかもしれない。

たとえば作中では、「自分の台座のうえに立っていないあなたはちっとも面白くない」と、親しい関係にありながら、獄中のワイルドに共感を寄せることができない人が出てきます。

ワイルドがもっとも助けて欲しいときにもかかわらず、そんなことを言ってしまう。華やかな成功だけを盲目的に信じていると、人の弱さに対して残酷な対応しかできません。自分や他人の暗黒面から目を背けてしまうのです。

しかし、ワイルドはこう言っています。

「『イエスの秘密』からきみはなんと遠く離れていることだろう」、「ひとのうえにおこることは、自分の身にもおこるのだ」し、「おのれの身におこることはひとのうえにもおこる」ことをなぜ知らないのだ、と。

ワイルドの『獄中記』の世界を深く理解した人は、おそらく**きらびやかな世界に行っても行かなくても、自分を見失わずに生きられる**ことでしょう。

功を成し、名声を得るということは、どういう代償とともにあるのかということも理解でき、**どんな人にでも闇はあるという〝複眼〟**を持つことになるでしょう。

この眼によって、人の痛みを理解し、自分の痛みを背負った謙虚な言葉を発することができるようになるのだと思います。

「カワイイ」はここから始まった——「日本の心」を学ぶ一冊

『枕草子』

清少納言／池田亀鑑〈校訂〉〈岩波文庫〉

言わずと知れた『**枕草子**』ですが、ぼくがあえてここで紹介するのは、今日《こんにち》のわれわれが持っている「日本のいいところ」がギュッと詰まった本だと思うからです。

「春はあけぼのがいい」「かわいらしいものと言えば、幼子が急いで這って来る途中で、目ざとくほこりを見つけて小さな手でつまみあげて、大人などに見せるところ」「心ときめくのは、髪を洗ってお化粧をして、いい香りをたきしめた衣を着ること。とくに見る人がいなくても、いい気持ちがする」など、まるで**日本人の感性のカタログ**を見せられているよう。

ぼくがいちばん好きなのは、琵琶の音が響き、女房たちが話をしたり、笑ったりしてい

5

る中で、清少納言が何も言わずに柱にもたれかかっていたら、中宮定子《ていし》に「あら、どうしたの?」と言われて、「ただ月を見ていました」と答えるところです。

現代でも、飲み会でふと誰かが輪から外れていて、何となく心配でそばに寄って話しかける、といった光景がありそうですね。

こういう会話が文章として記録されている、しかもそれが読み続けられているということは、よく考えてみると奇跡だと思うのです。

英語圏で読み継がれている文学と言えば、トマス・マロリーの『**アーサー王の死**』(ちくま文庫)のように、おどろおどろしく壮大な物語が多いのですが、それと比べると何ともはかなげで繊細。残っているのが不思議なくらいです。

紫式部の『**源氏物語**』(岩波文庫など)も、われわれの心の動き方を教えてくれることでは同じですが、もっと深い心の動きをとらえて、物語として構築されています。

『枕草子』にはむしろ、現在のマンガやアニメの源流とも言うべき「ユルさ」があって、今、世界的にもっとも見直されている水脈を提供しています。

昔、日本人は「チマチマと小さなことにばかり目を向けている」と、批判された時代もありました。しかし今日では、桜の季節になれば、外国から人が殺到して花見をするようになりましたし、ごく小さな和菓子のデザイン、女性のネイルアートなどの細やかな細工に、海外の人たちが夢中になっています。もちろん、マンガやアニメは、世界に誇る一大産業です。

今いちばん人気のあるものが、清少納言を読むとわかる。

刹那的で移ろいやすい情緒は、日本人だけが持っているわけではなく、日本人がそれにいち早く気がついたというだけのことだったのでしょう。

生命の持つ普遍的な特徴についていち早く詳しいカタログをつくり得たという意味で、『枕草子』は世界的な価値を獲得しています。

5

固い頭を柔らかく
——「考える力」を養う一冊

『モオツァルト・無常という事』
小林秀雄（新潮文庫）

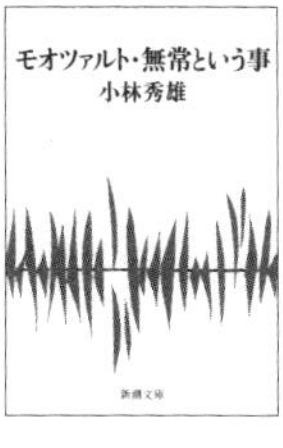

小林秀雄については、文章の書き手として最近つくづく思うことがあって、どうしてもこの本を挙げずにはいられませんでした。

小林は昭和を代表する批評家ですが、その文章は難解だとよく言われます。ぼく自身、高校入試に出ると言われ、中学生で初めてこの本を読んだときには、まったく理解できませんでした。

しかしその後、新潮社から小林の講演音源が発売されて、その話し言葉を聞いたときにあまりにも明快で驚いたのです。

それを聞くと彼が大変「物の見えた人」だということがはっきりとわかる。実際、感動して涙を流す若者がたくさんいる。それならば、彼の文章が難解であるということは、本人がよくわかっていないから難解になってしまうのではなく、意図してそうなっているはずだ——。

そこで小林が絵や音楽と同じように、芸術作品として文章を書いているのだ、ということを悟って、戦慄してしまいました。

それは、**「言葉で語りすぎない」という芸術**です。

現代では、文章はなるべくわかりやすく一瞬で伝わるように書け、と言われます。だけど、**わかりやすく書いては書き切れないことが、本当はある**のかもしれません。

ぼくは最近、ツイッターやフェイスブックで発信するときに、あえて何のことについて言及しているかわからないように書くことがあります。

たとえば、ある政治家を思い描きながらも、より一般的で普遍的な書き方をする。すると、全然関係のない人から「自分のことだ」と思って反論されたり、ぼくの意図とはまったく違う解釈をされたりする。

もちろん初めはとまどいましたが、**いろいろな解釈ができるように文章を書いておくと、**

5

と思ったのです。

読んだ人がそれぞれのとらえ方をする。本来は**これが「文章が届く」と言う**のではないか、

現代の文章は通常、テーマを明らかにして、解釈の余地がないように書くことが必要とされます。つまり、AというボタンをBというものが出てくるように書いて、読み手も、「Aというボタンを押すと、Bというものが出てくる」と理解する文章です。

「Aというボタンを押せば、出てくるのはCやD、ひょっとするとZかもしれない」……などと思わせてはいけないのです。

しかし、この「AボタンからB」方式だと読み手はまったく頭を働かせなくていいですし、すぐに忘れてしまうのではないでしょうか。

『モオツァルト・無常という事』にはそうでない世界が広がっています。たとえば「当《たえ》麻《ま》」のくだりにこんな文章が出てきます。

「美しい『花』がある、『花』の美しさという様なものはない。」

小林が言いたかった真意がおわかりになるでしょうか?

これは大変有名になっている文章なのですが、ぼくにはこの短い、たった一文がわかりません。しかしずっと胸に残っていて、ずっと「こういうことかな？　ああいうことかな？」と考え続けているのです。

考えてみれば、われわれが経験している「現実」にも、さまざまな見方がある。たとえば、ぼくが雑誌のインタビューを受けている時間は、まじめな取材と見ることもできるし、雑談をしてコーヒーを飲んでいる時間と言うこともできる。あるいは、インタビュワーとのじりじりとした攻防戦が進んでいるのかもしれない。

見る人によって無限の解釈が生まれる、万華鏡のような世界のあり方が、小林のこの本にはそのまま表れています。

どんな形になって誰に届くのか、どこに届くのか、いろいろな可能性がある生まれたての卵のような文章。この世のたいていの文章は〝大人になった文章〟で、「世の中のことは何でも知っている。それを教えてあげよう」というような、したり顔をしています。「これがどう育つかわからない」生命そのものが表現されたような書――やはり小林秀雄は芸術家だ、と思うのです。

5

大学では教えてくれないこと
——「人間の複雑さ」をのぞく一冊

『ファウスト』（第一部）（第二部）
ゲーテ／相良守峯〔訳〕（岩波文庫）

主人公ファウストが「あらゆる学問を修めたけれども、世界のことは何もわからなかった」と言ってこの物語は始まります。

科学も、哲学も、医学も、経済学も、法学も、神学も、すべてやってみた上で、結局「世界の中心で、すべてをまとめ上げているものが何なのかわからない」と絶望した学者がそこにいる。

そして悪魔と取り引きをして、かび臭い本のにおいの立ちこめる狭い書斎から出て、官能や美や政治、この世というものを知るために連れ回してもらい、「これだ！　わかった！」と思う瞬間がやってくるのを待ち続ける物語です。

ファウストは悪魔（メフィストーフェレス）に対してこう言います。

「私がある瞬間に対して、留まれ、おまえはいかにも美しい、といったら、もう君は私を縛りあげてもよい、もう私はよろこんで滅びよう。」

こうして彼は悪魔に魂を売るのです。

「すべての学問を修めても、人生のことなど何もわからない」というのはこの物語の作者であり、「色彩論」を書くなど自然科学者でもあった、ドイツの知の巨人・ゲーテ自身の実感です。彼はこの戯曲を二十四歳で書き始めて、亡くなる前年の八十二歳で完成させました。彼自身が生涯をかけて人生で学ぶべきものを探ったのです。

現代では大学への進学率も上がり、多くの人が「将来役に立つであろう」学問をしていますが、そこで学んだことは、人生をよく生きるためになるのかどうか。

英語では「University of Life（人生という大学）」という表現もあるくらいで、本当は大学ではなくて自分の人生の中で学んでいくべきことがある。

その「人生の大学」の先生になるのがこの『**ファウスト**』だと思うのです。**「真の学び」とは何か、ということを知るための最高の教科書**だと言っていい。まずはこの本のス

5

ケールの大きさに驚いてほしいのです。

ぼくがいちばん好きなシーンは次のようなシーンです。

ファウストの弟子が、閉鎖的な実験室の中で人造人間ホムンクルスをつくることに成功します。ホムンクルスはガラス瓶の中に入っていて、ファウストとともに旅に出ることになるのですが、あるときガラテーという美しい女神が貝殻の乗物に乗ってイルカの大群と一緒にやってくるのを目撃します。

ホムンクルスは、あまりの美しさに、その光り輝く乗物に手を伸ばそうとする。その瞬間にガラスの瓶が割れて、海の中に投げ出され蒸発してしまうのです。

人工物は閉ざされた空間の中でしか機能せず、本当に自然にあこがれた瞬間に破綻してしまう。

科学がどんどん発達して、命というものを理解したつもりになっている現代においてこそ、示唆《しさ》的な話だという気がします。

（了）

本書で紹介した本のリスト

これまで複数の出版社から刊行されてきた作品については、代表的な1冊を選びました。

はじめに

『吾輩は猫である』（夏目漱石、新潮文庫）

1章

『サラバ！』〈上〉〈下〉（西加奈子、小学館）
『失われた世界』（コナン・ドイル、龍口直太郎訳、創元SF文庫）
『一九八四年』（ジョージ・オーウェル、高橋和久訳、ハヤカワepi文庫）
『存在と時間』〈一〉～〈四〉（ハイデガー、熊野純彦訳、岩波文庫）
（原書『Sein und Zeit』〔Martin Heidegger, Max Niemeyer Verlag〕）
『本当にあった愉快な話』（竹書房）
『まんがタイム』（芳文社）
『逆転！　強敵や逆境に勝てる秘密』（マルコム・グラッドウェル、藤井留美訳、講談社）
（原書『David and Goliath』〔Malcolm Gladwell, Little, Brown and Company〕）
「レクラム文庫（Reclam）」（Philipp Reclam jun. Verlag）

2章

『列子』〈上〉〈下〉（小林勝人訳注、岩波文庫）
「講談社ブルーバックス」
『本の雑誌』（本の雑誌社）
『第五の権力』（エリック・シュミット／ジャレッド・コーエン、櫻井祐子訳、ダイヤモンド社）
『アンナ・カレーニナ』〈上〉〈中〉〈下〉（トルストイ、木村浩訳、新潮文庫）
『急に売れ始めるにはワケがある』（マルコム・グラッドウェル、高橋啓訳、ソフトバンク文庫）
（原書『The Tipping Point』〔Malcolm Gladwell, Little, Brown and Company〕）
『天才！　成功する人々の法則』（マルコム・グラッドウェル、勝間和代訳、講談社）
（原書『Outliers』〔Malcolm Gladwell, Little, Brown and Company〕）
『ザ・ニューヨーカー（The New Yorker）』（Condé Nast）
『赤毛のアン』（モンゴメリ、村岡花子訳、新潮文庫）
『皇帝の新しい心』（ロジャー・ペンローズ、林一訳、みすず書房）
『The Emperor's New Mind』（Roger Penrose, Oxford University Press）
『リーダーズ　ダイジェスト』（日本リーダーズダイジェスト社）
『豊饒の海』〈春の雪〉〈奔馬〉〈暁の寺〉〈天人五衰〉（三島由紀夫、新潮文庫）
『悲しみよこんにちは』（フランソワーズ・サガン、河野万里子訳、新潮文庫）
『百年の孤独』（G・ガルシア＝マルケス、鼓直訳、新潮社）

『失われた時を求めて』〈1〉～〈13〉(マルセル・プルースト、鈴木道彦訳、集英社文庫ヘリテージシリーズ)
『戦争と平和』〈一〉～〈四〉(トルストイ、工藤精一郎訳、新潮文庫)
『世界古典文学全集』(筑摩書房)
『懐かしい年への手紙』(大江健三郎、講談社文芸文庫)

3章

『漱石の思い出』(夏目鏡子述、松岡譲筆録、文春文庫)
『坂の上の雲』〈一〉～〈八〉(司馬遼太郎、文春文庫)
『三四郎』(夏目漱石、新潮文庫)
『罪と罰』〈上〉〈下〉(ドストエフスキー、工藤精一郎訳、新潮文庫)
『白痴』〈上〉〈下〉(ドストエフスキー、木村浩訳、新潮文庫)
『カラマーゾフの兄弟』〈上〉〈中〉〈下〉(ドストエフスキー、原卓也訳、新潮文庫)
『李陵・山月記』(中島敦、新潮文庫)
『中原中也詩集』(大岡昇平編、岩波文庫)
『夏の闇』(開高健、新潮文庫)
『利己的な遺伝子』(リチャード・ドーキンス、日高敏隆／岸由二／羽田節子／垂水雄二訳、紀伊國屋書店)
『種の起源』〈上〉〈下〉(ダーウィン、渡辺政隆訳、光文社古典新訳文庫)
『坊っちゃん』(夏目漱石、新潮文庫)

『永遠の0〈ゼロ〉』(百田尚樹、講談社文庫)
『1Q84』〈BOOK1〉~〈BOOK3〉(村上春樹、新潮社)
『スティーブ・ジョブズ』〈I〉〈II〉(ウォルター・アイザックソン、井口耕二訳、講談社)

4章

『奇跡のリンゴ』(石川拓治、NHK「プロフェッショナル 仕事の流儀」制作班監修、幻冬舎文庫)
『論語』(金谷治訳注、岩波文庫)
『天才バカボン』〈1〉~〈7〉(赤塚不二夫、竹書房文庫)
『ドン・キホーテ』〈前篇(一)〉~〈(三)、後篇(一)〉~〈(三)〉(セルバンテス、牛島信明訳、岩波文庫)
『イソップ寓話集』(中務哲郎訳、岩波文庫)
『悪徳の栄え』〈上〉〈下〉(マルキ・ド・サド、澁澤龍彥訳、河出文庫)
『高丘親王航海記』(澁澤龍彥、文春文庫)
『阿房列車――内田百閒集成〈1〉』(内田百閒、ちくま文庫)
『オレたちバブル入行組』(池井戸潤、文春文庫)
『ロスジェネの逆襲』(池井戸潤、ダイヤモンド社)
『オリエント急行の殺人』(アガサ・クリスティー、山本やよい訳、ハヤカワクリスティー文庫)
『アクロイド殺し』(アガサ・クリスティー、羽田詩津子訳、ハヤカワクリスティー文庫)
『戦艦武蔵』(吉村昭、新潮文庫)

5章

『**選択の自由**』（M&R・フリードマン、西山千明訳、日本経済新聞出版社）
『**悲劇の誕生**』（ニーチェ、秋山英夫訳、岩波文庫）
『**ご冗談でしょう、ファインマンさん**』〈上〉〈下〉（R・P・ファインマン、大貫昌子訳、岩波現代文庫）
『**硝子戸の中**』（夏目漱石、新潮文庫）
『**宇宙からの帰還**』（立花隆、中公文庫）
『**イワン・デニーソヴィチの一日**』（ソルジェニーツィン、木村浩訳、新潮文庫）
『**獄中記**』（ワイルド、福田恆存訳、新潮文庫）
『**幸福な王子**』（オスカー・ワイルド、西村孝次訳、新潮文庫）
『**旧約聖書〈Ⅶ〉イザヤ書**』（関根清三訳、岩波書店）
『**枕草子**』（清少納言、池田亀鑑校訂、岩波文庫）
『**アーサー王の死――中世文学集Ⅰ**』（トマス・マロリー、厨川文夫訳、厨川圭子編、ちくま文庫）
『**源氏物語**』〈一〉～〈六〉（紫式部、山岸徳平校注、岩波文庫）
『**モオツァルト・無常という事**』（小林秀雄、新潮文庫）
『**ファウスト**』〈第一部〉〈第二部〉（ゲーテ、相良守峯訳、岩波文庫）

頭《あたま》は「本《ほん》の読《よ》み方《かた》」で磨《みが》かれる

著　者——茂木健一郎（もぎ・けんいちろう）

発行者——押鐘太陽

発行所——株式会社三笠書房

〒102-0072 東京都千代田区飯田橋3-3-1
電話：(03)5226-5734（営業部）
　　：(03)5226-5731（編集部）
http://www.mikasashobo.co.jp

印　刷——誠宏印刷

製　本——若林製本工場

編集責任者　長澤義文

ISBN978-4-8379-2593-4 C0030

三笠書房

ハイ・コンセプト
「新しいこと」を考え出す人の時代

ダニエル・ピンク【著】
大前研一【訳】

"6つの感性"に成功のカギがある！

この時代にまともな給料をもらって、良い生活をしようと思った時に何をしなければならないか――本書は、この「100万ドルの価値がある質問」に初めて真っ正面から答えを示した、アメリカの大ベストセラーである――**大前研一**

GIVE & TAKE
「与える人」こそ成功する時代

アダム・グラント【著】
楠木　建【監訳】

世の"凡百のビジネス書"とは一線を画す一冊！――一橋大学大学院教授　楠木　建

新しい「人と人との関係」が「成果」と「富」と「チャンス」のサイクルを生む――その革命的な必勝法とは？　全米No.1ビジネススクール「ペンシルベニア大学ウォートン校」史上最年少終身教授であり気鋭の組織心理学者、衝撃のデビュー作！

ORIGINALS
誰もが「人と違うこと」ができる時代

アダム・グラント【著】
フェイスブックCOO　シェリル・サンドバーグ【解説】
楠木　建【監訳】

「オリジナルな何か」を実現させるために。
常識を覆す「変革のテクニック」！

◆誰もがもっている「独創性」が変化をもたらす◆チャンスを最大化するタイミングとは――"一番乗り"は損をする◆「やさしい上司」より「気むずかしい上司」に相談する◆恐れを「行動力」に変える法◆部下に解決策を求めてはいけない…etc.

T30341